HORST ZIETHEN

Kultur-Reise zu romantischen Städten, Burgen und Schlössern

Sachsen-Anhalt

und die STRASSE DER ROMANIK

Hansestadt Tangermünde an der Elbe

SACHSEN-ANHALT

Königsland Sachsen-Anhalt

So wie das Land an Elbe, Saale und Unstrut mit der Deutschen Wiedervereinigung wieder ins Zentrum Deutschlands gerückt ist, dringt auch seine Geschichte verstärkt ins Bewusstsein. Zu Zeiten der Europäischen Union sehen wir mit Staunen, dass hier bereits vor tausend Jahren internationale Politik gemacht wurde, die das Bild Deutschlands und seine Rolle in Europa unter der Hand des ersten deutschen Königs Heinrich des Voglers und seiner Nachfahren nachhaltig prägte. Steinerne Zeugnisse der umwälzenden Entwicklungen sind die Bauwerke jener Zeit: Klöster, Dome, Burgen, die zur Ehre Gottes und zur Festigung und Ausdehnung weltlicher Macht erbaut wurden und die Jahrhunderte überdauert haben.

Nirgendwo sonst, das Rheinland ausgenommen, trifft man romanische Baukunst in Deutschland in solcher Dichte und Kostbarkeit an. Hier liegen die Wurzeln zu einer nicht mehr abreißenden Entwicklung, in deren Verlauf immer wieder bedeutende Söhne des Landes Geschichte machten, allen voran der Reformator Martin Luther. Wer den steinernen Zeugen deutscher Geschichte aus der Zeit zwischen 950 und 1260 mit seinen rund 80 exemplarischen Objekten entlang der „Straße der Romanik" in Sachsen-Anhalt folgt, wird auch diesen Spuren begegnen.

Ein wenig Phantasie gehört schon dazu, sich in den oft Hunderte zählenden Reisetross des Kaisers und seiner Familie einzureihen. Man schreibt den Palmsonntag des Jahres 973. Kaiser Otto I. trifft von Italien kommend in Magdeburg ein. Dort betet der 61-jährige Herrscher am Grab seiner ersten Frau Editha (Tochter König Edwards von England) zusammen mit seiner zweiten Frau Adelheid, seinem frischvermählten Sohn Otto II. und dessen Frau Theophanu, einer Nichte des Kaisers von Byzanz. Internationaler geht es auch heute kaum zu in einer Welt, die durch das Flugzeug klein geworden ist.

SAXONY-ANHALT

Royal Saxony-Anhalt

The region defined by the Rivers Elbe, Saale and Unstrut moved closer to the centre of Germany with Reunification, and we have become aware once again of its great history. Nowadays, as the countries of the European Union draw closer together, it may well come as something of a surprise to learn that European politics were made here a full thousand years ago, politics that changed the face of Germany and had a great impact on its role in Europe under the rule of its first king, King Henry the Fowler, and his decendants. Buildings from that period and their remains bear witness to these momentous developments: monasteries, cathedrals and castles. Built to the glory of God and to consolidate and extend temporal power, they have withstood the passage of time for centuries.

Nowhere else in Germany, with the exception of the Rhineland, can Romanesque architecture be found in this degree of concentration or of this treasure. These are the roots of an ongoing, continuous development during which famous sons of the region, first and foremost among them Martin Luther, made history. Travellers who follow the Romanesque Road through Saxony-Anhalt will come across some 80 buildings and architectural monuments from the period 950-1260, living witnesses to history.

Some imagination is required to transport oneself back through time and join the retinue, often hundreds strong, surrounding the Emperor and his family: It is Palm Sunday in the year 973 in Magdeburg, and Emperor Otto I has just returned from Italy. The 61-year-old ruler is praying at the grave of his first wife Editha (daughter of the English King Edward) together with his second wife Adelheid, his recently married son Otto II and his young wife Theophanu, a niece of the Byzantine Emperor. That's about as international as you can get, even in this modern world, where distances have been made so short by the airplane.

SAXE-ANHALT

Royaume de Saxe-Anhalt

Depuis que le Land situé entre l'Elbe, la Saale et l'Unstrut a repris sa place au centre de l'Allemagne après la réunification, son histoire aussi est devenue plus présente. À l'ère de l'Union européenne, à l'aube de l'an 2000, nous découvrons avec étonnement que l'on y faisait déjà une politique internationale qui allait caractériser de façon durable l'image de l'Allemagne et son rôle en Europe : il y a mille ans, sous le règne du premier roi allemand, Henri l'Oiseleur, et de ses descendants. Les monuments historiques témoignent des évolutions radicales de ce passé : monastères, cathédrales, châteaux forts. Construits en hommage à Dieu ou pour la consolidation et l'extension du pouvoir séculier, ils ont résisté aux siècles. Nulle part ailleurs, excepté dans la région rhénane, on ne trouve en Allemagne autant d'architecture romane d'un tel intérêt. On découvre les racines d'une évolution ininterrompue, au cours de laquelle les enfants illustres du Land ont fait l'histoire, à commencer par le réformateur religieux Martin Luther. Édifices et monuments témoignent de l'histoire allemande entre 950 et 1260 : le long de la route Romane en Saxe-Anhalt, on en rencontrera environ 80 datant du Moyen-Âge.

Il faut faire preuve d'un peu de fantaisie pour se retrouver dans l'escorte qui accompagne en voyage l'empereur et sa famille. Nous sommes le lundi des psaumes de l'an 973. L'empereur Othon Ier en provenance d'Italie arrive à Magdebourg. Ici le souverain de 61 ans prie sur la tombe de sa première femme Edith (fille du roi Edouard d'Angleterre), en compagnie de sa deuxième femme Adélaïde, de son fils Othon II nouvellement marié et de sa jeune épouse Théophane, une nièce de l'empereur de Byzance. On ne peut guère faire plus international, même dans notre monde devenu plus petit grâce à l'avion.

Le circuit le long de la route Romane offre à celui qui l'emprunte un aperçu fascinant d'une époque lointaine dans laquelle les hommes, si on les regarde de près, sont dans de nombreux domaines aussi modernes que nous.

Der Weg entlang der „Straße der Romanik" öffnet jedem, der ihm folgt, einen faszinierenden Einblick in ein fernes Zeitalter, dessen Menschen in ihrer Zeit in vielerlei Hinsicht genauso zeitgemäß und fortschrittlich waren, wie wir uns heute sehen. Zugleich erlebt man auf vergleichsweise kleinem Raum eine Fülle unterschiedlichster Landschaften voll von Naturschönheiten, reich an idyllischen Dörfern und Städten, in denen heutzutage der Gast König ist.

Von Magdeburg zum Hohen Fläming

Die günstige Lage an der Elbe hat Magdeburg über einige Jahrhunderte eine wechselvolle Geschichte auferlegt. Kaiser Otto der Große erhob diesen bedeutenden frühen Handelsplatz der Karolinger zum Erzbistum, machte ihn nach dem oströmischen Byzanz zum „Dritten Rom", zu einem der Zentren der damaligen Welt. Von hier aus wurde die Christianisierung der heidnischen Slawen weiter vorangetrieben. Lange wird um das Land an der Elbe gerungen, wird mit Klöstern, Kirchen und Burgen der Einflussbereich von Kreuz und Krone immer weiter ausgedehnt. Am Rande der fruchtbaren Börde mit ihrer 6000-jährigen Ackerbaugeschichte gelegen, wirkt Magdeburg weit ins Umland, bis sich sein Einfluss in den Flächen des später kanalisierten Drömlings, in den Ausläufern der Colbitz-Letzlinger Heide, in den stillen Auenlandschaften der Elbe und im Vorland des Hohen Fläming langsam verliert.

Handelsplatz von alters her im Schnittpunkt alter Handelswege: Das ist Magdeburg – heute Hauptstadt des Landes Sachsen-Anhalt. An die große Zeit der Stadt erinnert der Dom – in jenen Tagen eine große Leistung der Baukunst. 937 wurde der Dom von Otto I. zu Ehren des Hl. Mauritius gestiftet und auf den Grundmauern des Vorgängerbaues errichtet.

The journey along the Romanesque Road opens up fascinating insights into a time long past, and if we look closely, we recognise that people were in many respects just as we see ourselves today. Along the road with its constantly changing landscape there is, within a relatively short distance, a wealth of natural beauty, with towns and villages where the visitor is made truly welcome.

From Magdeburg to the High Fläming

Its strategic position on the Elbe has brought Madgeburg a somewhat chequered history through the ages. Emperor Otto the Great raised the status of this former Carolingian trading centre to that of an archbishopric, making it one of the centres of the world at that period, the "Third Rome", after the East Roman Byzantium. From here the conversion of the pagan Slavs to Christianity was pursued with renewed energy. There was prolonged wrestling over the Elbe region, the power radius of the church and the crown being extended further and further with new monasteries, churches and castles. The influence of Magdeburg, situated on the edge of a fertile plain with a 6000-year history of arable farming, radiated far out into the surrounding region, finally petering out in the flatlands of the Drömling, later drained with canals and the foot-hills of the Colbitz-Letzling heathlands.

A trading centre from time immemorial at the place where old trade routes converged, that is Magdeburg, today capital of the State of Saxony-Anhalt and on its way to reassert its former importance. The cathedral is a reminder of the period of its greatest significance. In its time a miracle of a building, it stands on the site of the monastery consecrated to St Mauritius by Otto I in the year 937.

En même temps et dans une région plutôt restreinte, on peut admirer une foule de paysages variés emplis de merveilles de la nature, d´une multitude de villages et de villes idylliques réservant à leurs hôtes un accueil très convivial.

De Magdebourg jusqu'au Haut Fläming

Sa situation favorable sur l'Elbe a conféré à Magdebourg une histoire mouvementée. L'empereur Othon le Grand donne à cette ancienne cité marchande importante des Carolingiens le statut d'archevêché et fait de celle-ci, après la Byzance de l'Empire romain oriental, la « troisième Rome », un des centres du monde à cette époque. De là, on poursuit l'évangélisation des slaves païens. Pendant longtemps, on se bat pour cette région de l'Elbe, l´Église et la Couronne augmentent leur zone d´influence en construisant des monastères, des églises et des châteaux. À la lisière de la fertile région des Börde avec son passé agricole vieux de 6000 ans, Magdebourg exerce son influence jusqu'aux confins de la région, jusqu'à ce qu´elle diminue lentement dans les plaines de la Drömling, rivière canalisée plus tard, aux extrémités de la lande de Colbitz-Letzlinger, dans les calmes prairies verdoyantes de l'Elbe et dans les contreforts du Haut-Fläming.

Vouée depuis toujours au commerce car située au carrefour d'anciennes routes marchandes, Magdebourg, aujourd'hui capitale du Land de Saxe-Anhalt, est en train de renouer avec son prestige d'autrefois. La cathédrale rappelle son apogée. Elle se dresse, chef - d'œuvre architectural de cette période, à l'emplacement où en 937 Othon Ier avait fait ériger un monastère en hommage à Saint Maurice.

Wanderwege durch die Altmark

Wer die Altmark erreicht, dem scheint der Himmel höher zu werden. Weltliche und sakrale Bauwerke bezeugen die Blüte ihrer reichen und wehrhaften Handelsstädte zwischen dem 12. und dem 15. Jahrhundert. Gardelegen, Stendal, Salzwedel, Seehausen, Osterburg, Werben und Tangermünde gehören zum mächtigen Bund der Hanse und bilden zwischen dem 13. und 15. Jahrhundert den „Altmärkischen Städtebund". Sie können es sich leisten, prachtvolle Stadttore, Rathäuser und Kirchen zu errichten. Neben großartiger Backsteinromanik und -gotik begegnet man immer wieder reizvollen Fachwerkhäusern. Mit dem Niedergang der Hanse und den Wirren des 30-jährigen Krieges bricht diese Entwicklung ab.

Die Industrialisierung des 19. Jahrhundert verschont die Altmark. So bleiben ihre landschaftliche Schönheit und die mittelalterlichen Stadtbilder bewahrt. Wald- und Wasserreichtum machen sie ideal für Aktivurlauber, die Wandern, Radfahren und Reiten lieben, aber auch zum Surfen und Segeln bieten sich viele Möglichkeiten.

Herausragende Romanik-Städte in der Altmark sind Tangermünde mit einem einmaligen Rathaus sowie Stendal, heute die größte Stadt der Altmark und ebenfalls voller herausragender Zeugnisse der Backsteingotik. Stendals Blüte beruhte auf dem Handel mit Skandinavien und den Ostseestädten sowie auf der Tuchmacherei. Das Rathaus 15. Jahrhundert beinhaltet eine alte kostbare Holzwandvertäfelung. Imponierend sind die Kirchen und die mächtigen Stadttore. An den Begründer der modernen Archäologie, Johann Joachim Winckelmann, erinnert ein Museum im Geburtshaus des Weitgereisten. Die Stadt Tangermünde, einst kaiserliche Residenz, feiert jährlich im September ihr Burgfest.

Hiking trails across the Altmark

When you reach the Altmark, the sky seems to get higher. Secular and sacred buildings bear witness to the heyday of the rich, fortified trading towns, a heyday that lasted from the 12th to the 15th century. Gardelegen, Stendal, Salzwedel, Osterburg, Seehausen, Werben and Tangermünde were members of the powerful Hanseatic League, and between the 13th and 15th century formed the Altmark League. They could afford splendid town gates, town halls and churches. Alongside glorious Romanesque and Gothic red-brick buildings, there are also ornate ones in timber. With the decline of the Hanseatic League and the disorder of the 30 Years War this development came to an end. The industrialisation of the 19th century passed the Altmark by. Its beautiful countryside and medieval towns were preserved. Its forests and water make it an ideal place for activity holidays, for those who love cycling and riding, surfing and sailing.

Magnificent Romanesque towns in the Altmark include Tangermünde and Stendal, for a long time the largest town in the Altmark and equally full of beautiful red-brick Gothic buildings. Stendal owed its prosperity to its trade with Scandinavian towns and its weaving. Its town hall (from the 15th century) has the oldest wooden-pannelled walls in Germany. The churches and the mighty town gates are impressive too. A museum in the house where Johann Joachim Winckelmann was born is a memorial to the founder of modern archaeology. Tangermünde, once imperial residence, celebrates its castle festival in September of each year.

Chemins de randonnée à travers l'Altmark

À celui qui atteint l'Altmark (Ancienne Marche), il semble que le ciel s'élève. Des constructions séculières et sacrées témoignent de l'apogée de ses riches villes commerciales entre le XIIe et le XVe siècle. Gardelegen, Stendal, Salzwedel, Osterburg, Seehausen, Werben et Tangermünde appartiennent à la ligue de la Hanse et forment la « confédération des villes de l'ancienne Marche ». Elles peuvent se permettre de construire des portes de ville, des hôtels de ville et des églises splendides. Aux côtés des styles roman et gothique de brique remarquables, on trouve des maisons à colombages d'une grande valeur artistique. Ce développement va s'interrompre avec le déclin de la Hanse et les troubles liés à la guerre de Trente Ans. L'industrialisation au XIXe siècle épargne l'Ancienne Marche, si bien que la beauté de ses paysages et le caractère des villes moyenâgeuses sont conservés. Sa richesse forestière et aquatique en fait un endroit idéal pour les vacanciers pratiquant le vélo et l'équitation ou encore le surf et la voile.

Les villes marquantes de style roman dans l'Ancienne Marche sont : Tangermünde, un joyau du gothique en brique, avec son hôtel de ville unique, ainsi que Stendal, aujour´hui la plus grande ville de la Marche, elle a conservé de nombreux monuments typiques du gothique en brique. La prospérité de Stendal reposait sur le commerce avec la Scandinavie et les villes de la mer baltique ainsi que sur la draperie. Son hôtel de ville (XVe) présente le plus ancien mur de bois lambrissé allemand. Les églises et les portes de la ville sont imposantes. Un musée situé dans sa maison natale rend hommage à Johann Joachim Winckelmann, fondateur de l'archéologie moderne et grand voyageur. Tangermünde, autrefois résidence impériale, célèbre chaque année en septembre sa fête du château.

Entlang dem Elbstrom

Der Elbstrom bildete über lange Zeit die Grenze zwischen dem Machtbereich der heidnischen Slawen und der von Karl dem Großen mit Kreuz und Schwert blutig christianisierten Sachsen, die später selbst deutsche Kaiser wurden. Die Elbe hat noch in weiten Bereichen ihr natürliches Bett. Umrahmt von weitläufigen Auenlandschaften fließt sie langsam an Wäldern vorbei. Zwischen Havelberg und Tangermünde sind die Flussniederungen besonders im Winter, wenn Störche auf der Winterreise sind, ein Paradies für Wasservögel aus den nordischen Breiten.

Wenige Kilometer oberhalb der Stelle, an der sich die Havel von Osten kommend mit der Elbe vereinigt, liegt die Hansestadt Havelberg. Die idyllische Lage der Stadt und die Erhebung zum Bistum durch Otto den Großen haben ihr die Bezeichnung Insel- und Domstadt eingetragen. Dahinter verbirgt sich ein wechselvolles Schicksal. Das zunächst dem Mainzer Erzbischof unterstellte Bistum ging nach der Gründung des Erzbistums Magdeburg 968 an den dortigen Erzbischof über. Eine kurze Freude, denn die Wenden erobern beim großen Aufstand im Jahre 983 mit dem Bischofssitz eines ihrer Haupttheiligtümer zurück. Erst Mitte des 12. Jahrhunderts wieder christlich, beginnt die stetige Entwicklung zu der von Handwerk, Schiffsbau, Fischerei und Ackerbau getragenen heutigen Hansestadt, deren Holz- und Salzmarkt aufblüht. All das entwickelt sich unterhalb des Domberges in der neuangelegten Stadt auf der Havelinsel.

Von der Börde zum Harz

Ein neues Produkt revolutionierte Anfang des 19. Jahrhundert die Süßstoffbranche: Honig, ohnehin eine knappe Ware, und exotisches Zuckerrohr, als teure Importware nicht für Massenproduktion verwendbar, werden von der Zuckerrübe abgelöst. Der Halberstädter Apotheker Johann

Along the River Elbe

For a long time, the River Elbe formed the border between the spheres of influence of the pagan Slavs and the Saxons, who later converted to Christianity by Charlemagne with the power of the cross and the sword, and themselves soon to provide emperors from their midst. The Elbe has largely retained its natural riverbed, surrounded by watermeadows and woods, flowing gently past forest. Between Havelberg and Tangermünde the river plains are a paradise for waterfowl from northern climates, especially in winter when the storks are migrating.

Just a few kilometres up-river from the confluence of the westward-flowing Havel and the Elbe is Havelberg. The town's idyllic location and its elevation to the rank of a bishopric under Otto the Great gave it the name by which it lies known today, the island and cathedral city. It has had an eventful past. Originally placed under the rule of the Archbishop of Mainz, the town passed to that of the Archbishop of Magdeburg after the setting up of the see of Magdeburg in 968. A short-lived pleasure, because the Wends reconquered the town and one of their main shrines during their big uprising in the year 983. Not until its reconversion to Christianity in the middle of the 12th century did the town's steady rise to power and prosperity begin. As a Hanseatic League town it became a centre for craftsmen, ship-building, fishing and arable farming with a flourishing market for wood and salt. All this development took place in the new town founded at the foot of the cathedral hill on the Havel Island.

From the fertile plain to the Harz

A new product revolutionized the sweetener trade at the beginning of the 19th century: Honey, always in short supply, and exotic sugarcane, as an expensive import-good not avaliable for mass production, were replaced by sugarbeet. The Halberstadt chemist Johann Georg

Le long de l'Elbe

Le cours de l'Elbe a longtemps formé la frontière entre les sphères d´influence des slaves païens et celles des Saxons christianisés par la croix et l'épée de Charlemagne et qui peu après fournirent eux-mêmes des empereurs allemands. L'Elbe a gardé dans sa majeure partie son lit naturel et coule lentement le long de forêts. Entre Havelberg et Tangermünde, les rives sont – particulièrement en hiver, lorsque les cigognes font leur migration hivernale – un paradis pour les oiseaux aquatiques venant des latitudes nordiques.

Havelberg se situe àquelques kilomètres au-dessus de l'endroit où la Havel, venant du nord, se jette dans l'Elbe. La situation idyllique de la ville et sa promotion comme évêché par Othon le Grand lui ont valu la dénomination de ville insulaire et épiscopale. À l'arrière-plan se cache un destin changeant. L'évêché qui se trouvait tout d'abord sous la souveraineté de l'archevêque de Mayence, revint après la fondation de l'archevêché de Magdebourg en 968 à l'archevêque de celle-ci. Une joie de courte durée puisque les Wendes reconquirent lors du grand soulèvement de 983 un de leurs principaux biens sacrés, le siège d'évêque. De nouveau chrétienne seulement à partir de la moitié du XIIe siècle, la ville de la Hanse commença à vivre un grand essor, fondé sur l'artisanat, la construction navale, la pêche et l'agriculture, tandis que le marché du bois et du sel était à son apogée. Tous ces développements eurent lieu au pied de la colline de la cathédrale, dans la ville nouvellement créée sur l'île de la Havel.

De la Börde au Harz

Un nouveau produit révolutionna l´industrie des édulcorants au début du XIXe siècle : le miel, une denrée rare et la canne à sucre exotique, non utilisable en raison de son prix élevé à l'importation, furent remplacés par la betterave à sucre. Le pharmacien Johann Georg Gessner, un

Georg Geßner, ein Rübenzuckermann der ersten Stunde, trägt sein Scherflein dazu bei. Als Napoleon den Kontinent im Jahre 1806 blockiert und damit das begehrte Zuckerrohr selbst für reiche Leckermäuler unerreichbar wird, schlägt die goldene Stunde der Zuckerrübe. Seine Produktion Zug um Zug ausweitend, eröffnet der Apotheker 1812 die erste Zuckerfabrik in Halberstadt. Der Rohstoff für die süßen Kristalle wächst draußen vor der Tür: Dort, wo einst reisende Recken die alte Heerstraße entlang von Halberstadt nach Magdeburg zogen, gedeihen jetzt die Rüben soweit das Auge blickt, bis ins nördliche Harzvorland. Das schafft den Reichtum eines frühen Wirtschaftswunders, der zahlreiche Höfe in den Dörfern in luxuriöse „Rübenpaläste" verwandelt.

Bergwelt Harz

Prustend und schnaubend stampfen sie durch den Harz, die legendären Dampffrösser, wo einst die schnellen Reiter der mittelalterlichen Kaiser von Quedlinburg aus eilige Botschaften durchs Land trugen. Selbst die alte Brockenbahn ist heute wieder intakt, bringt Touristen auf den höchsten Gipfel der bizarren Bergwelt voller Naturschönheit und Legenden. An die Hexen erinnert vielerlei in dem Fachwerkstädtchen auf der wilden Ostseite des Harzes, am Rande des Mittelgebirges. Der Harz ist die Heimat des ersten deutschen Königs und seiner Nachfahren, der ottonischen Kaiser. Tausendjährige Dome, trutzige Burgen, prachtvolles Fachwerk, dazu Zeugnisse jahrhundertelangen Erzabbaus – die Harzstädtchen sind kleine Schatztruhen, randvoll mit Zeugnissen alter Größe und tiefverwurzeltem Brauchtum. Im Sommer heißt es Wandern, im Winter Skifahren und zu jeder Jahreszeit kräftig Zulangen bei den herzhaften Gerichten.

In Quedlinburg erhielt Heinrich I. die Nachricht von seiner Wahl zum ersten deutschen König. Dort wurde er auch 936 vor dem Hauptaltar der alten Basilika und Grabkirche beigesetzt. Seine Vorliebe für die Pfalz auf dem Burgberg von „Quetlingaburg" teilten auch seine Nachfahren. Quedlinburg war Regierungssitz der von Pfalz zu Pfalz reisenden Sachsenherrscher.

Gessner, a sugar beet pioneer, did his bit. When Napoleon blockaded the continent in 1806 and the much-coveted sugarcane was not to be had for love or money, not even by the wealthy, the time of the sugarbeet had come. Increasing his production step by step, the chemist opened the Halberstadt sugar factory in 1812. The raw material for the sweet crystals grew on the doorstep along the army road from Halberstadt to Magdeburg, once traversed by mighty warriors, sugarbeet now thrived, as far as the eye could see, even to the northern Harz. It brought wealth, an early economic miracle, transforming countless farmsteads in the villages into luxurious "sugarbeet palaces".

The mountain world of the Harz

The legendary iron horses puff and blow their way through the Harz, where once speedy horsemen bore urgent messages for the medieval emperors from Quedlinburg all around the country. Even the old Brocken railway is working again, transporting swarms of tourists in eco-friendly fashion up to the highest peak in the bizarre mountain world full of natural beauty and legend. Much on the wild eastern side of the Harz, in the quaint little timbered towns in the valleys and on the edge of the mountain range, reminds us of witches. This is the native country of the first German king and his descendants, the Ottonian emperors. The little towns of the Harz are treasure troves overflowing with past glories and deep-rooted traditions: thousand-year-old cathedrals, defiant castles, magnificent timbered buildings, and relics from centuries of ore-mining. The summer is hiking time, the winter skiing, and any time is right to dig into the hearty local cuisine.

Quedlinburg was where the news reached Henry I that he had been elected the first German emperor. In 936 he was buried there in front of the main altar in the old palace chapel. His descendants shared his liking for the palace on the castle hill of "Quetlingaburg". Quedlinburg remained the seat of government of the Saxon rulers as they travelled round from palace to palace.

cultivateur de betteraves de la première heure, apporta sa contribution. Lorsque Napoléon bloqua le continent en 1806, rendant ainsi la canne à sucre, tant convoitée inaccessible, même pour les gourmands les plus riches, sonna l'heure de la betterave à sucre. Augmentant petit à petit sa production, le pharmacien ouvrait en 1812 la première sucrerie à Halberstadt.

Massif montagnard du Harz

Les légendaires locomotives traversent le Harz en sifflant et en crachant, là où autrefois les rapides cavaliers des empereurs du Moyen-Âge portaient à travers le pays des messages urgents en provenance de Quedlinbourg. Même le vieux chemin de fer du Brocken est aujourd'hui de nouveau en service et transporte les touristes sur le plus haut sommet de cet univers montagneux bizarre empli de charmes naturels et de légendes, sans nuire à l'environnement. Beaucoup de choses évoquent les sorcières sur le côté oriental sauvage du Harz, dans les petites villes à maisons à colombages situées au bord du Mittelgebirge. La patrie du premier roi allemand et de ses descendants, les empereurs ottoniens, des cathédrales millénaires, des châteaux forts imposants, des maison à colombages splendides, de plus des témoignages de l'extraction millénaire de minerais – les petites villes du Harz sont de petits coffres à trésor, emplis de témoignages de l'ancienne grandeur et de traditions ancestrales. En été, on peut faire des randonnées, en hiver du ski et en toutes saisons se régaler de plats nourrissants.

C´est de Quedlinburg qu´Henri Ier apprit qu´il avait été élu premier roi allemand. Il y fut enterré en 936 devant le maître-autel de l'ancienne chapelle du château impérial. Sa préférence pour ce château sur la montagne de « Quetlingaburg » fut partagée par ses descendants. Quedlinburg resta le siège du gouvernement des souverains de Saxe voyageant de château en château.

An den Ufern von Saale und Unstrut

Mit Wein gesegnet wie mit Burgen ist Deutschlands ehemals nördlichstes Weinbaugebiet an Saale und Unstrut zugleich eine der reichsten Burgen- und Schlösserregionen: Trutzige Festungen, für die Durchsetzung von Macht bestimmt, ebenso wie wohnliche Anlagen, der Repräsentation und dem Wohlleben verpflichtet. Reizvolle Gegensätze, die sich zu einem Ganzen zusammenfügen: In der Domstadt Merseburg tauchen mit den Merseburger Zaubersprüchen letzte Zeugnisse germanisch-heidnischen Kulturgutes auf, die zu einer Zeit aufgeschrieben werden, als das Kreuz längst an Saale und Unstrut herrschte. Hier blühte im 19. Jahrhundert auf Burg Giebichenstein in Halle die „blaue Blume der Romantik".

„Zwar die Ritter sind verschwunden", so beginnt die zweite Strophe jenes Liedes, mit dem Franz Kugler seinen Ruhm begründet: „Nimmer klingen Speer und Schild; doch dem Wandersmann erscheinen auf den altbemoosten Steinen oft Gestalten zart und mild", fährt er fort. Es ist das Lied von den stolzen und kühnen Burgen „an der Saale hellem Strande", das der 18-Jährige in einer der lauen Sommernächte des Jahres 1826 ins Gästebuch der Burggaststätte auf der Rudelsburg bei Bad Kösen schreibt.

Die Ekkehardiner wählten zu ihrer Grablege eine Kapelle in der von ihnen geschaffenen Naumburg unweit der Unstrutmündung in die Saale. Um 1210 wurde dann der heutige Bau des Naumburger Domes begonnen, weltberühmt durch zwölf Statuen der Stifter aus den Familien der Ekkehardiner und nachfolgenden Wettiner sowie angeheirateter Sippen. Im 15. Jahrhundert übernahmen schließlich die Wettiner das Kurfürstentum Sachsen-Wittenberg von den Askaniern. Sie verlegten 1547 endgültig ihre Residenz nach Dresden und sind die Vorfahren der Könige von Sachsen bis 1918. Burgen oder ihre Ruinen, Kathedralen und Dorfkirchen wurden zu stummen Kulissen jener fernen Zeit.

On the banks of the Saale and the Unstrut

One of Germany's northern wine-growing areas around the Rivers Saale and Unstrut is blessed with wine as it is with castles. The countryside is dotted with defiant fortresses, built to enforce their owner's power, and more comfortable residential castles, built for high living and as a display of status. Contrasts that come together to form an attractive whole. In the cathedral city of Merseburg, the Merseburg Magic Spells are the last evidence of pagan Germanic culture, recorded at a time when Christianity had long been established in the region. In the 19th century, the "blue flower" of the Romantics came out into bloom at Giebichenstein Castle.

"The knights may have gone" is the beginning of a verse in the song that made Franz Kugler famous: "Speer and shield no longer ring, but figures soft and gentle appear before the hiker's eye on the mossed old stones", it continues. It is a song about haughty castles "on the Saale's bright strand" that the 18-year-old Kugler wrote in the visitors' book of the castle hostelry on the Rudelsburg near Bad Kösen on a warm summer's eve in 1826.

The Ekkehards chose as the site of their family tomb a chapel in the town they had established near the confluence of the Salle and the Unstrut: Naumburg. Around 1210 building started on the cathedral as we know it today, world-famous for the twelve statues of its founders and benefactors from the Ekkehard family, their successors, the Wettiner, and kinsmen. In the 15th century, the Wettiner eventually took over the electorate of Saxony-Wittenberg from the Askans. In 1547 they moved their residence permanently to Dresden, where their line brought forth the later kings of Saxony right through to 1918. The wheel of fortune raised individuals to the heights of fame and bliss, casting them down again into the depths of oblivion. Castles and their ruins, cathedrals and village churches were dumb witnesses to events long since past, when the pulse of German history pounded throughout the region.

Sur les rives de la Saale et de la Unstrut

Un de vignobles le plus septentrionaux de l'Allemagne dans la région de la Saale et de la Unstrut est en même temps une des régions les plus riches en citadelles et en châteaux : forteresses imposantes et châteaux, destinés à la représentation et au bien-être. Des contradictions passionnantes qui forment un tout. Dans la ville épiscopale de Merseburg, les formules magiques de Merseburg – transcrites à une époque où la région de la Saale et de l´Unstrut était christianisée depuis longtemps – représentent les derniers témoignages de la culture germanique et païenne. Au château de Merseburg s'épanouit au XIXe siècle la « fleur bleue du romantisme ».

« Les chevaliers ont certes disparu », c'est ainsi que commence le deuxième couplet de la chanson qui fit la gloire de Franz Kugler : « les épées et les boucliers ne résonnent plus et pourtant, sur les pierres couvertes de vieille mousse, des formes délicates et douces apparaissent souvent au randonneur » poursuit-il. C'est la chanson des fiers et courageux châteaux « sur les rives claires de la Saale » que le jeune homme de 18 ans écrivit par une tiède nuit d'été de l'année 1826 dans le livre d'hôtes de l'auberge du château de Rudelsburg près de Bad Kösen.

Les Ekkehardin choisirent comme tombeau une chapelle dans la ville qu´ils avaient fondée non loin du confluent de la Unstrut et de la Saale. Vers 1210, on commença à construire la cathédrale actuelle de apparentées Naumburg dont les douze statues des fondateurs, issus des famille Ekkehardin et des descendants des Wettin ainsi que des familles de par mariage, ont une réputation mondiale. Au XVe siècle, les Wettin prirent finalement l'électorat de Saxe-Wittenberg aux Ascaniens. En 1547 ils déplacèrent définitivement leur résidence à Dresde et ils furent les ancêtres des rois de Saxe jusqu'en 1918. Les châteaux ou leurs ruines, les cathédrales et les églises des villages sont les témoignages muets de ces temps lointains au cours desquels

An den Ufern der Unstrut breitet sich die so genannte „Toskana des Nordens" aus, ein Weinbaugebiet, aus dessen Mittelpunkt Freyburg der Rotkäppchen-Sekt kommt. Oben vom Berg grüßt Schloss Neuenburg. Von ganz anderer Eindringlichkeit zeigt sich die in Teilen erhaltene Klosterkirche St. Marien in Memleben mit der ottonischen Krypta. Bei dem „Kaisertor" handelt es sich um ein Fragment des Querschiffs dieser romanischen Basilika, mit der einst im ostdeutschen Raum nur noch der Magdeburger Dom aus ottonischer Zeit vergleichbar war. Hier, im Tal der Unstrut, jagten Heinrich I. und sein kaiserlicher Sohn mit großem Vergnügen; hier in Memleben starb Heinrich I.

Von der Saale zur Elbe

Drei Namen bestimmen die Region Anhalt-Wittenberg, die auf dem Weg entlang der Straße der Romanik von der Saale zur Elbe nur am Rande berührt wird: Luther, das Bauhaus und das Wörlitzer Gartenreich. Lutherland Sachsen-Anhalt, das heißt im engeren Sinne Anhalt-Wittenberg; das schließt aber auch seine Weggefährten Philipp Melanchton, den Maler Lucas Cranach d. Ä. sowie den rebellischen Reformator Thomas Müntzer mit ein. Das Bauhaus, bekannt geworden durch seine einheitliche Sicht von Kunst und Technik, geht neue Wege, hin zur Versöhnung von Mensch und Umwelt in einer neuen industriellen Gartenlandschaft in der Chemieregion. Das Wörlitzer Gartenreich steht hier Pate. Dieses Paradies auf Erden, gestaltet im englischen Stil, offenbart zugleich etwas über das Menschenbild und die Vorstellung von Schönheit, die dem Fürsten Leopold III. Friedrich Franz von Anhalt-Dessau innewohnten – „den die Götter einen Traum bauen ließen", so der Dichterfürst Johann Wolfgang von Goethe nach einem Besuch des Parks.

Salz ist das Wort, das die Entwicklung der Stadt Halle erklärt. Schon in vorgeschichtlicher Zeit wird es hier gewonnen. Macht, Kunst und Kommerz gehen hier eine über ein Jahrtausend reichende Verbindung ein.

Along the banks of the lovely River Unstrut is Germany's northernmost wine-growing area. The well-known sparkling wine called Rotkäppchen is made at the centre of this region, in Freyburg beneath Neuenburg Castle. Striking in a quite different way is the partially preserved monastery church of St Mary in Memleben with its Ottonian crypt. The "Imperial Gate" is a fragment of the transept of this Romanesque basilica, equalled in days gone by in the east only by Magdeburg Cathedral. Here, in the Unstrut valley, is where Henry I and his imperial son went hunting with great enthusiasm, and Memleben is where Henry I died.

From the Saale to the Elbe

There are three names closely associated with the Anhalt-Wittenberg region, which the Romansque Road from the Saale to the Elbe traverses only peripherally: Luther, the Bauhaus and the Wörlitz Gardens. When we speak of Sachsen-Anhalt as the land of Luther, we should strictly speaking be saying Anhalt-Wittenberg; but that includes his contemporary Philipp Melanchton, the painter Lucas Cranach the older and the rebellious reformer Thomas Müntzer. The Bauhaus, known for its uniform view of art and technology, has broken new ground, going so far as to reconcile humankind with the environment in a new industrial garden landscape in the chemicals area modelled on the Wörlitz Gardens . This paradise on earth, designed in the English style, reveals to us something of the views about both humankind and beauty held by Prince Leopold III. Friedrich Franz of Anhalt-Dessau, "whom the gods allowed to build a dream", as the poet Johann Wolfgang von Goethe phrased it during a visit to the park.

Salt is the word that explains the growth of the city of Halle. It was mined here as early as pre-historic times. Power, art and commerce joined forces for more than a thousand years.

le pouls de l'histoire a battu vigoureusement dans ce pays. Sur les rives de la Unstrut s'étend la région de le vignobles appelée la « Toscane du Nord » et le mousseux « Rotkäppchen » vient de son centre Freyburg. Le château de Neuenburg salue du haut de la montagne. À Memleben, l'église du couvent Sainte-Marie, conservée en partie avec sa crypte ottonienne nous émeut d'une autre manière. Le « Kaisertor » (porte impériale) est un fragment du transept de cette basilique romane qui ne pouvait être comparée à cette époque qu'à la cathédrale de Magdebourg datant de l'époque ottonienne. Ici, dans la vallée de l'Unstrut, Henri Ier et son fils, qui allait devenir empereur, aimaient beaucoup aller à la chasse, Henri Ier est mort ici à Memleben.

De la Saale à l'Elbe

Trois noms marquent la région de Anhalt-Wittenberg, que ne fait que côtoyer la route Romanede la Saale à l'Elbe : Luther, le Bauhaus et les jardins de Wörlitz ; La Saxe-Anhalt, pays de Luther, signifie au sens strict le Anhalt-Wittenberg et comprend aussi les compagnons de route de Luther, Philipp Melanchton, le peintre Lucas Cranach ainsi que le réformateur rebelle Thomas Müntzer. Le Bauhaus, qui doit sa célébrité à une approche globale de l'art et de la technique, emprunte de nouveaux chemins qui le conduisent à une réconciliation de l'homme et de la nature dans un nouveau paysage industriel de jardins dans une region à industries chimiques. Le royaume des jardins de Wörlitz en est un témoignage. Ce paradis sur terre créé dans le style des jardins anglais propose à la fois une représentation de l'homme et l'idée de la beauté telle que la concevait le prince Leopold Friedrich Franz von Anhalt.

Le sel est un mot qui explique le développement de la ville de Halle, on l'extrayait déjà au cours de la préhistoire. Le pouvoir, l'art et le commerce s'unissent ici en une association qui durera des siècles.
Le château de Giebichenstein avec sa partie haute (961)

An den Ufern von Saale und Unstrut

BAD KÖSEN an der Saale, Rudelsburg und Burg Saaleck

„An der Saale hellem Strande stehen Burgen stolz und kühn" schrieb 1826 der Berliner Student aus Stettin Franz Kugler nach einer Wanderung auf der Rudelsburg. Auch heute ist sie ein beliebtes Ausflugsziel. Auf Burg Saaleck wurde 1819 einer der ersten Geschichtsvereine (für Thüringen und Sachsen) gegründet, der Goethe und die Brüder Grimm zu seinen Ehrenmitgliedern zählte. Kuglers Verse „Ihre Dächer sind zerfallen und der Wind streicht durch die Hallen" prägten das romantische Bild vergangener Burgenherrlichkeit.

"On the Saale's bright strand there stand castles proud and haughty," the Berlin student from Stettin, Franz Kugler, wrote in 1826 after hiking on the Rudelsburg. It remains popular with visitors today. One of the first historical associations (for Thuringia and Saxony) was founded at Saaleck Castle in 1819. Goethe and the Brothers Grimm were among their honorary members. Kugler's lines "Their roofs are in ruins, the wind wafts through their halls" are the essence of the romantic celebration of times gone by.

Franz Kugler de Stettin, étudiant de Berlin, écrivit en 1826, après une excursion au château de Rudel « Sur les rives claires de la Saale se dressent de fiers châteaux ». Le château de Rudel demeure jusqu'à aujourd'hui un lieu d'excursion apprécié. En 1819, une des premières associations historiques fut fondée au château fort de Saaleck (pour la Thuringe et la Saxe) et dont les membres d'honneur étaient en autres Goethe et Grimm. Les vers de Kugler « Leurs toits sont tombés et le vent souffle à travers les salles » contribuèrent à la vision romantique du charme révolu des châteaux.

Fortsetzung der Einleitung

Burg Giebichenstein mit der Oberburg (961) und der Unterburg – heute Hochschule für Kunst und Design – und die Böllberger Dorfkirche St. Nikolaus (12. Jahrhundert) deuten nur die Spannweite dieser Stadt an, die bischöfliche Residenz wurde, Zentrum bürgerlichen Widerstands, Arbeiterstadt, Universitätsstadt. Hier lebte Georg Friedrich Händel.

Sachsen-Anhalt ist Lutherland, mit den Geburts- und Wirkungsstätten der großen Reformation. Es ist aber auch ein Land der Musik, wie die Namen der großen Komponisten Johann Sebastian Bach, Georg Friedrich Händel, Georg Philipp Telemann, Heinrich Schütz und vieler anderer zeigen, die lange in den Städten des Landes gearbeitet haben und zu einem großen Teil auch hier geboren sind.

Mit der nachfolgenden Farbbild-Reise erhalten Sie einen Vorgeschmack für Ihre eigene Entdeckungsreise durch Sachsen-Anhalt – dem Herzstück deutscher Geschichte.

End of introduction

Giebichenstein Castle with its Upper Castle (961) and its Lower Castle – today a Art and Design Academy – and the village church St Nicholas in Böllberg (12th century) give us an inkling of the breadth of this city, which became a bishopric, the centre of civil resistance, a city of workers, a university city. This is where Georg Friedrich Händel lived.

Saxony-Anhalt is the land of Luther, the cradle of the great Reformation. But it is also a land rich in music, as evidenced by such great composers as Johann Sebastian Bach, Georg Friedrich Händel, Georg Philipp Telemann, Heinrich Schütz and many others, who worked in the towns and cities of the region for many years and were mostly born here, too.

The pictorial tour that follows will give you a foretaste and whet your appetite for your own voyage of discovery through Saxony-Anhalt – the heartland of German history.

Suite de l'introduction

et sa partie basse – aujourd'hui École Supérieure de design – et l'église du village de Böllberg (XIIe siècle) ne donnent qu'un aperçu de la diversité de cette ville, qui devint résidence épiscopale, centre de la civile bourgeoise, ville ouvrière et ville universitaire. C'est ici que vécut Georg Friedrich Händel.

La Saxe-Anhalt est ainsi le pays de Luther, avec les lieux de naissance et de création de la grande Réforme. Mais c'est aussi une région musicale, comme l'indiquent les noms des grands compositeurs Jean-Sébastien Bach, Georg Friedrich Händel, Georg Philipp Telemann, Heinrich Schütz et de nombreux autres qui ont longtemps travaillé dans les villes de ce Land et où la plupart d'entre eux sont nés.

Les photographies en couleur de cet ouvrage vous donnent un avant-goût et vous invitent, ainsi, à entreprendre un voyage de découverte à travers la Saxe-Anhalt – au cœur de l'histoire allemande.

◁ BAD KÖSEN/SAALE, Rudelsburg

Vom Klima begünstigt wurde Bad Kösen zum begehrten Kur- und Erholungsort und Weinanbaugebiet. Schon Franz Liszt und Theodor Fontane wussten dies zu schätzen, sodass die Kulturgrößen des 19. Jahrhunderts hier ihre Spuren hinterließen. Hoch über dem Ort ragt die Rudelsburg auf einem eindrucksvollen Felsen empor; bereits 1171 wurde sie urkundlich erwähnt. An dieser verengten Stelle des Saaletales konnte man die Handelsstraßen gut überwachen. Der Dreißigjährige Krieg hinterließ die Burg nur noch als Ruine, heute erstrahlt sie wieder voller Stolz.

BAD KÖSEN/SAALE, Rudelsburg

Its favourable climate made Bad Kösen a popular spa and resort town and wine-growing region. Franz Liszt and Theodor Fontane appreciated this in their days, and the cultural greats of the 19th century left their mark here in Bad Kösen. The castle ruin Rudelsburg is situated on an impressive crag high above the town. The castle was officially documented as early as 1171. At this narrow section of the Saale Valley, the trade routes could be watched easily. Though the Thirty Years' War left the castle in ruins, today it once again exudes splendour and pride.

BAD KÖSEN/SAALE, Rudelsburg

Favorisée par le climat, Bad Kösen est depuis longtemps une station thermale très fréquentée, au cœur d'une région viticole. Parmi les grands noms du XIXe siècle, le compositeur Franz Liszt et l'écrivain Theodor Fontane y ont aussi laissé leurs traces. Dominant la localité, la Rudelsburg, mentionnée par écrit dès 1171, se dresse sur un éperon rocheux ; la forteresse fut bâtie à dans une position stratégique idéale pour surveiller les routes marchandes à cet endroit où la Saale se rétrécit. Dévastée durant la guerre de Trente ans, elle a retrouvé aujourd'hui toute sa splendeur.

RUDELSBURG, ehemal. Halbturm in der Zwingeranlage (Burgmauer) ▷

NAUMBURG, Dom St. Peter und Paul

Kaiser Otto I. gründete ein Bistum in Zeitz, welches 1028 nach Naumburg auf die „Neue Burg" verlegt wurde. Mit einer Länge von rund 100 Metern zählt der Dom zu den imposanten Gotteshäusern Deutschlands mit Bauteilen verschiedener Zeiten. Der Meißner Markgraf Ekkehard II. und seine Gemahlin Uta, Schwester des askanischen Grafen Esico von Ballenstedt, gehören zu den zwölf Stiftern des Naumburger Domes. Obwohl es Idealbildnisse sind, berühren sie durch ihre ausdrucksvolle Gestaltung.

NAUMBURG, Peter and Paul Cathedral

Emperor Otto I founded a bishopric in Zeitz, the seat of which was transferred to Naumburg, to the "New Castle" in 1028. The cathedral with a length of about 100 metres is one of the most imposing churches in Germany, with parts from various periods. The Meissen Margrave Ekkehard and Uta, sister of the Askan Count Esico of Ballenstedt, are two of the twelve benefactors of Naumburg Cathedral. Although the figures are idealised representations, their expressive features are very moving.

NAUMBURG, cathédrale

L'empereur Othon Ier fonda à Zeitz un évêché qui fut déplacé ensuite à Naumburg, dans le « Nouveau Château ». Longue d'environ 100 m, la cathédrale, dont certaines parties furent construites à diverses époques, compte parmi les églises les plus imposantes d'Allemagne. Le margrave de Meissen, Ekkehard, et Uta, fille du comte ascanien Esico V de Ballenstedt, font partie des douze fondateurs de la cathédrale de Naumburg. Bien que ces portraits soient idéalisés, ils nous touchent par leur expressivité.

◁ NAUMBURG,
Blick auf den Dom
view to the cathedral
de la cathérale

NAUMBURG / Saale, Markt mit der Stadtkirche St. Wenzel — Unstrutmündung in die Saale / Unstrut confluence / Unstrut Confluent

Naumburg ist ein lebendiger und abwechslungsreicher Anziehungspunkt für Besucher von nah und fern. Alljährlich wird der Markt auch zum weltberühmten Eldorado aller Taubenfreunde. Die Stadtkirche Sankt Wenzel wurde erstmals 1511 geweiht, erlebte aber manche Umbauten. – Ein Höhepunkt des Fernwanderweges, der entlang der Saale von der Quelle bis zur Mündung in Sachsen-Anhalt (bei Barby) führt, ist an der Unstrutmündung zu finden.

Naumburg is a lively, very varied city, attracting visitors from near and far. Each year the market square becomes a world-famous eldorado of pigeon fanciers. The Church of St Wenceslas was consecrated in 1511, but was altered several times. – A high point on the long-distance hiking trail that follows the course of the Saale from its source to its mouth in Saxony-Anhalt (near Barby) is to be found at the Unstrut confluence.

Naumburg, cité vivante et pleine de contrastes, attire de très nombreux visiteurs. Chaque année, la place du Marché devient aussi l'Eldorado pour les amis des pigeons. L'église Saint Wenceslas a été consacrée pour la première fois en 1511 mais elle a connu de nombreuses transformations. – Le chemin de grande randonnée, qui suit le cours de la Saale de sa source jusqu'à son confluent en Saxe-Anhalt (près de Barby), est particulièrement pittoresque a le Unstrut confluent.

Kalksteinrelief „Steinernes Bilderbuch" bei Großjena an der Unstrut / Limestone Relief

Im „Steinauerschen Weinberg" bei Großjena an der Unstrut wurde um 1720 ein Sandsteinaufbruch mit monumentalen Reliefs versehen. In diesem Abschnitt stellt der unbekannte Künstler die Arbeit der Winzer und Christus in der Kelterei dar. — Geschützt im Windschatten des Harzes liegt die Unstrut in einer ganz besonders klimatisch gemäßigten Region. Eine Vegetation mit Auen und Trockenböden hat sich hier abwechslungsreich zu einer reizvollen Landschaft entwickelt. Die Muschelkalkberge entlang des Flusses machen sogar den Weinanbau seit Jahrhunderten möglich.

Around 1720, a sandstone rock in the Steinau Vineyard near Grossjena on the River Unstrut was decorated with monumental reliefs. In this section, the unknown artist has depicted the work of the labourers in the vineyard and Christ in the press-house. — Sheltered in the lee of the Harz Mountains, Unstrut River flows through a region characterised by a pleasant moderate climate. Here, the vegetation with floodplains and dry land has turned into a diversified and charming landscape. The shell limestone mountains along the river have even made centuries of winegrowing possible.

Idyllische Fahrt auf der Unstrut

Dans le « Vignoble de Steinau » près de Grossjena sur la Unstrut, on a sculpté, vers 1720, dans une carrière de grès des bas-reliefs monumentaux. Sur cette partie, le sculpteur anonyme représente les vignerons ainsi que le Christ au pressoir. — Protégée par le massif du Harz, la Unstrut coule à travers une région au climat tempéré. Ici, une nature de prés et de sols plus arides alternent pour former des paysages captivants. Depuis des siècles, on pratique même la culture de la vigne sur les collines de calcaire conchylien qui bordent la rivière.

Blick auf FREYBURG an der Unstrut

Seit dem 13. Jahrhundert ist in Freyburg der Weinanbau nachgewiesen. So ist es nicht verwunderlich, dass das romantische Weinstädtchen inmitten von Weinbergen den Weinbau als Haupteinnahmequelle pflegt. Bekannte Weingüter sind hier ansässig, wie zum Beispiel die Sektkellerei Rotkäppchen, welche seit 1856 das prickelnde Vergnügen herstellt. Hoch über Freyburg, wo Turnvater Jahn seinen Lebensabend verbrachte, erhebt sich die Neuenburg, neben der Wartburg schönster Bau der Thüringer Landgrafen.

Winegrowing in Freyburg dates back to the 13th century. Thus, it is not surprising that viticulture represents the main source of income for this romantic winegrowing town nestled amidst vineyards. Well-known wineries are located here, for example the sparkling wine producer Rotkäppchen, which has been producing the sparkling treat since 1856. Above Freyburg, where the fore-father of the German gymnastic tradition Jahn spent his last years, the Neuenburg rises up, the finest building erected by the Thuringian Counts after the Wartburg.

Schloss Neuenburg / Kinderkemenate und ein Burgfest im Brunnenhof

La culture de la vigne est documentée à Freyburg depuis le XIIIe siècle. Ce n'est donc pas étonnant qu'elle soit la principale ressource de cette localité romantique entourée de vignobles. Y sont implantées des exploitations viticoles renommées telles que « Rotkäppchen » qui produit du vin mousseux (Sekt) depuis 1856. Dominant Freyburg, s'élève la Neuenburg, le plus grand château des landgraves de Thuringe après la Wartburg. Friedrich Jahn, fondateur de la culture physique allemande, y passa les dernières années de sa vie.

FREYBURG / Unstrut – Weinanbau-Region mit Stadtkirche St. Maria / Wine-Growing Region with Church of St. Maria / région vinicole avec Église Ste Marie

Das Tal der Unstrut – aber auch einige Hänge an der Saale – waren bis 2004 noch die nördlichsten Weinbaugebiete Deutschlands. Diese Tradition lässt sich über 1000 Jahre zurückverfolgen. Die Rotweine reifen hier noch traditionell in Holzfässern. Der in dieser Region gelesene Wein ergibt ungefähr zwei Millionen Liter pro Jahr. In den vielen gemütlichen Straußwirtschaften und auf den Weingütern kann man die Weintradition in geselliger Runde genießen. Hier an der Weinstraße Saale-Unstrut bieten sich herrliche Wandertouren in eine facettenreiche Landschaft an.

The Unstrut Valley – as well as several hillsides along the Saale River – was Germany's northernmost wine-growing region until 2004. This tradition can be traced back more than 1000 years. Here, the red wines are still aged the traditional way in wooden barrels. The grapes harvested in this region yield approximately two million litres of wine per year. The region's wine tradition can be enjoyed in a convivial atmosphere at numerous cosy seasonal wine taverns and at the wineries. Moreover, the Saale-Unstrut Wine Route offers an abundance of wonderful hiking opportunities through the multifaceted landscape.

La vallée de la Unstrut et quelques versants de la Saale furent jusqu'en 2004 la région viticole la plus septentrionale de l'Allemagne. Cette tradition du vin remonte à plus de mille ans, et les vins rouges mûrissent encore dans des fûts en bois. La région produit environ 2 millions de litres par an. On peut en déguster les crus dans les nombreuses auberges conviviales ou directement chez les vignerons. Par ailleurs, la campagne entourant la Route du vin de la Saale-Unstrut offre de superbes randonnées.

FREYBURG / Unstrut, Winzerfest in der Weinregion / Wine Festival in the Wine Region / fête du vin dans la région vinicole

Am zweiten September-Wochenende findet jährlich in Freyburg das größte Winzerfest Mitteldeutschlands statt. Feuchtfröhlich in glückseeliger Sekt- und Weinlaune wird das Fest mit vielen Attraktionen und Veranstaltungen in der ganzen Stadt gefeiert. Gekrönte Häupter lassen den Festumzug zu einem ganz besonderen Erlebnis werden: Weinprinzessinnen und Weinköniginnen der Neuzeit, sowie die Darsteller der Herzöge, Grafen und Bürger in historischen Gewändern aus dem Mittelalter, geben dem Winzerfest einen prunkvollen Abschluss.

Each year on the second weekend in September, the largest vintage festival of Central Germany is held in Freyburg. Merry moods, wine and sparkling wine abound as the festival is celebrated with many attractions and events throughout the town. Crowned heads turn the festival procession into a special experience: wine princesses and wine queens of modern times along with performers dressed in medieval garments as dukes, counts and citizens provide a magnificent finale to the vintage festival.

Chaque année, le deuxième weekend-end de septembre, Freyburg est la scène de la plus importante fête viticole de la région. De nombreuses attractions et manifestations culturelles complètent les grandes dégustations conviviales de mousseux, vins rouges et vins blancs. La fête s'achève en beauté par un grand cortège réunissant les princesses et reines actuelles des divers vignobles et une foule colorée portant des costumes historiques de ducs, comtes, châtelains et châtelaines, et autres personnages du Moyen Âge.

FREYBURG / Winzerwagen mit Weinhoheiten von der Weinmeile Saale-Unstrut, die von Bad-Kösen bis Naumburg-Roßbach verläuft

Wander- und Weinfreunde finden an Pfingsten auf der Saale-Weinmeile eine besonders genussvolle Tourenkombination. Auf einer sechs Kilometer langen Route zwischen Bad Kösen und Roßbach wird bei den Weingütern und Winzern halt gemacht. Dort kann man auch Weine kennenlernen, die noch nicht so bekannt sind, aber vielleicht bei der Verkostung zum Lieblingströpfchen werden. Silvaner, Riesling, Müller-Thurgau und viele andere Köstlichkeiten haben den besonderen Geschmack der Region, die typische Säure im trockenen, feinwürzigem Bouquet.

At the time of Pentecost, the Saale Wine Mile offers a particularly delightful combination of hiking and wine enjoyment. The wineries and winemakers along the six-kilometre route between Bad Kösen and Roßbach beckon you to stop by and enjoy a glass of wine. Here, people can also become acquainted with wines that are not yet well known, but which might just become their favourite wine after tasting it. Silvaner, Riesling, Müller-Thurgau and many other delectable wines feature the characteristic taste of the region, the typical tartness in a dry, delicately aromatic bouquet.

À la Pentecôte, la Route du vin de la Saale fait le bonheur des randonneurs également amateurs de bons vins : des haltes sont proposées chez les vignerons et dans les exploitations viticoles sur un parcours de six kilomètres, entre Bad Kösen et Roßbach. Les vins de cette région ne sont pas encore très connus, mais durant les dégustations, on découvrira certainement un Silvaner, un Riesling, un Müller-Thurgau, entre autres variétés, qui deviendra un favori. Ces vins blancs secs ont un bouquet particulier, composé d'arômes épicés et d'une acidité typique de ce terroir.

Weinmeile Saale-Unstrut und das Winzerfest in Freyburg / The Wine Mile and the wine festival in Freyburg / Route du vin Saale-Unstrut, festival

Der Gott des Weines und des Rausches, Bacchus lädt alljährlich zur Verkostung der herrlichen Rebsäfte ein, die unter der sorgfältigen Pflege der Winzer herangereift sind. Die Region Saale-Unstrut bietet Weinbau auf 745ha mit 30 verschiedenen Rebsorten. Mehr als 50 Weingüter erzeugen Weine die es bis in die Spitzenklasse schaffen und prämiert worden sind. In der Winzervereinigung Freyburg haben sich 500 Weinbauern als Genossenschaft zusammengeschlossen, und sind damit der größte Weinproduzent in Ostdeutschland mit 360ha.

Each year, Bacchus, god of wine and intoxication, invites enthusiasts to sample the region's magnificent wines that have matured under the loving care of the local winegrowers. The Saale-Unstrut region boasts more than 50 prize-winning wineries spread over 745 hectares of vineyards which, together, produce 30 different varieties of grape. The Freyburg Winegrowers' Association is a cooperative of some 500 wine growers, whose collective 360 hectares make it the largest wine producer in Eastern Germany.

Bacchus, le dieu du vin et de l'ivresse invite chaque année à déguster de superbes crus, produits par des vignerons passionnés. La région Saale-Unstrut comprend 745 hectares de vignobles où poussent quelque 30 variétés de cépages. Plus de 50 exploitations vinicoles produisent des vins de grande qualité, dont la plupart sont primés. Freyburg, la ville du vin sur l'Unstrut, est le siège d'une coopérative qui réunit 500 viticulteurs. Ils possèdent globalement 360 hectares de vignes, et constituent ainsi la plus importante coopérative viticole de l'est de l'Allemagne.

△ Bacchus im Festumzug ▽ Bacchus und die Weinhoheiten des Jahres   ▽ Der Festwagen der Sektkellerei Rotkäppchen △ Naumburger Straßenmusikanten

Rebstöcke bei Freyburg an der Unstrut

Der Freyburger Weinberg wurde 1774 als barocker Weingarten errichtet, heute dient er als Schaugarten zum Erleben der Weinkultur und des Weinanbaus. — Die Anlagen der Freyburger Champagner Fabrik (1856) und der Sektkellerei Kloss & Foerster (1866) stehen heute als Industriedenkmäler unter besonderem Schutz. Im Domkeller befindet sich das größte Cuvée-Weinfass Deutschlands von 1896, das aus 25 Eichen entstand und 120.000 Liter edlen Rebensaft fassen kann. Den Namen Rotkäppchen erhielt das Getränk für Champagnerlaune wegen seiner roten Kappe.

Cuvée-Fass der Rotkäppchen-Sektkellerei in Freyburg / Cuvee barrel of sparkling wine / Cellier

The Freyburg vineyard was established in 1774 as a Baroque vineyard. Today, it serves as a show garden for experiencing wine culture and winegrowing. — The buildings of Freyburger Champagner Fabrik (1856) and Sektkellerei Kloss & Foerster (1866) are protected as an industrial monument today. The Domkeller cellar houses Germany's largest cuvee wine barrel from 1896. Made of 25 oak trees, it can hold 120,000 litres of the noble juice of the grape. The bubbly beverage was named Rotkäppchen (Little Red Riding Hood) for its red cap.

Planté en 1774, à l'époque baroque, le vignoble dit Freyburger Weinberg est aujourd'hui un lieu où les visiteurs apprennent tout sur la culture du vin. — Les établissements « Freyburger Champagner » fondés en 1856 et la cave de mousseux Kloss & Foerster créée en 1866 sont aujourd'hui des monuments industriels protégés. Dans le cellier « Domkeller » se trouve le plus grand tonneau destiné à une unique cuvée d'Allemagne. Fabriqué avec 25 chênes en 1896, il a une capacité de 120 000 litres. Le mousseux « Rotkäppchen » (Chaperon rouge) doit son nom à sa capsule rouge.

LAUCHA / Unstrut, Glockenmuseum / Laucha bell museum / Lauche, musée de la cloche

Trotz vieler Brände und Naturkatastrophen hat sich die Stadt immer wieder erholt und es zu bürgerlichem Wohlstand gebracht. Erstmalig wurde der Ort bereits 1124 urkundlich erwähnt. Städtische Rechte erhielt Laucha um 1409 vom Markgrafen von Meißen. Ursprünglich war es eine slawische Ansiedlung. Mit der Schiffbarmachung der Unstrut baute man 1790-95 die Lauchacher Schleuse, die aus Nebraer Sandstein errichtet wurde. Im Glockenmuseum wird an die technischen Leistungen im Bronzeguss erinnert.

Although it has often fallen victim to fires and natural disasters, the town has always recovered and achieved a comfortable degree of prosperity. The first recorded mention is from the year 1124. Laucha was granted charters by the Margave of Meissen in about 1409. Originally it was a Slav settlement. When the Unstrut became navigable, the Lauchach lock was built using Nebra sandstone, transported here by river. The bell museum reminds us of its technical achievements in bronze casting.

Laucha s'est toujours redressée et a atteint une certaine prospérité en dépit des nombreux incendies et catastrophes naturelles qu'elle subit. Mentionnée pour la première fois en 1124, la cité reçut son droit de ville du margrave de Meissen en 1409. Elle était à l'origine une communauté slave. Quand l'Unstrut fut rendue navigable, on construisit les écluses de Laucha en 1790-1795. Le grès de Nebra, utilisé à ces fins, fut transporté par bateau sur le cours d'eau. Le musée de la cloche retrace les prouesses techniques de la fonte du bronze.

MEMLEBEN, Ruine der Klosterkirche und Krypta / Crypt / Crypte de l'église du monastère

Vielfach verknüpft mit den politischen Entwicklungen des Reiches im 10. Jahrhundert und der Familiengeschichte der herrschenden ottonischen Könige und Kaiser ist die einstige Pfalz in Memleben. An diesem Ort starb 936 Heinrich I. als erster deutscher König und 973 auch sein Sohn Kaiser Otto I. der Große. Die Beisetzungen erfolgten in Quedlinburg und Magdeburg, den Metropolen in dieser Zeit. Von der Pfalz ist nichts erhalten, auch ihre genaue Lage blieb bisher unbekannt.

The history of the former palace in Memleben is closely linked to the political developments of the Empire in the 10th century and the family history of the ruling Ottonian kings and emperors. This is where Heinrich I, the first German king, and 973 his son, Emperor Otto I the great, died. They were both later laid to rest in Quedlinburg and Magdeburg, the metropolises of their time. Nothing remains of the former palace, and even the exact site where it stood has remained undiscovered.

L'ancien château impérial à Memleben est étroitement lié à l'évolution politique de l'Empire au Xe siècle et à l'histoire de la famille des rois et empereurs ottoniens au pouvoir. C'est là que mourut en 936 Henri Ier, le premier roi allemand ainsi que son fils l'empereur Othon Ier, qui furent enterrés ensuite respectivement à Quedlinburg et Magdebourg, deux métropoles à l'époque. Il ne reste aucun vestige de l'ancien château impérial et l'on ignore toujours son emplacement exact.

BURG WENDELSTEIN an der Unstrut / Wendelstein Castle / Château de Wendelstein

Burg Wendelstein an der Unstrut wurde bereits 1312 urkundlich erwähnt. Doch das Höhengebiet an der Unstrut ist schon zur Bronzezeit besiedelt gewesen. Dies belegen zahlreiche Funde; so auch die Wallreste an der Bergnordseite. Nach Umbauten in der Renaissance nutzten die Herzöge von Sachsen-Weißenfels-Querfurt sie als Jagdschloss. Als später Felspartien in Bewegung gerieten, verließ man sie und es begann der Verfall. Heute sind Teile der Burg wieder hergestellt und restauriert worden, sodass sie als Wohnraum genutzt werden. Daher ist die Burg nur von außen zu besichtigen.

Wendelstein Castle was first mentioned in a chronicle in 1312. After alterations during the Renaissance, the Dukes of Saxony-Weissenfels-Querfurt used it as a hunting lodge. Later, when the rocks began to shift, the castle began to collapse. However, the elevated area adjacent to the Unstrut was already populated in the Bronze Age. This is proven by numerous finds, such as the remains of the rampart on the north side of the mountain. Today, parts of the castle have been rebuilt and restored and serve as living quarters. Therefore, the castle may only be viewed from the outside.

Le château de Wendelstein près de la Unstrut est mentionné pour la première fois en 1312. Après des aménagements à la Renaissance, les ducs de Saxe-Weissenfels-Querfurt l'utilisèrent comme pavillon de chasse. Plus tard, lorsque des pans de roches bougèrent, le château commença à se délabrer. Mais certaines parties du château furent reconstruites et modernisées pour servir aujourd'hui d'habitations. Il n'est donc pas ouvert au public. Les rives de la Unstrut étaient déjà habitées à l'âge du bronze, ce dont témoignent de nombreux vestiges, parmi lesquels ceux d'enceinte sur le versant nord de la rivière.

ZEITS, Schloss Moritzburg / Moritzburg Castle / Château de Moritzburg

Zeitz an der Weißen Elster wuchs früh um Dom und Burg. Letztere wurde nach dem Dreißigjährigen Krieg durch die barocke „Moritzburg" ersetzt, ein Residenzschloss sächsischer Herzöge bis 1718. Von 1990 bis 2004 wurden Schloss und Schlosspark umfangreich saniert, woraufhin im Anschluss die Landesgartenschau auf dem Schlossgelände stattfand. Heute zählt der Park zu dem Projekt Gartenträume Sachsen-Anhalt. Im Schloss befinden sich ein Restaurant mit Erlebnisgastronomie sowie ein Museum für Kinderwagen, historische Möbel und das Bistum.

Zeitz on the Weiße Elster quickly grew up around the cathedral and the castle. The castle was replaced by the baroque Moritzburg after the 30 Years War, a residential castle used by Saxon dukes up to 1718. The castle and castle gardens underwent extensive renovations from 1990 to 2004. Subsequently, the Landesgartenschau (state garden exhibition) was held on the castle grounds. Today, the park is part of the project Garden Dreams in Saxony-Anhalt. The castle houses a restaurant offering exciting dining experiences, as well as a museum of baby carriages, historical furniture and the bishopric.

Zeitz sur l'Elster Blanche grandit autour de la cathédrale et du château (au premier plan). Ce dernier fut remplacé après la guerre de Trente Ans par le château baroque de Moritzburg, résidence des ducs de Saxe jusqu'en 1718. Le château et son parc furent entièrement réhabilités de 1990 à 2004, date à laquelle le parc accueillit la célèbre exposition florale nationale. Depuis il fait partie du projet Espaces paysagers de Saxe-Anhalt. Le château abrite un restaurant gastronomique, un musée de landaus et mobilier historiques et l'évêché.

WEISSENFELS an der Saale, Rathaus und Marienkirche / town hall and church St Marien / Hôtel de ville et la église

Die deutsche Marktsiedlung inmitten slawischer Dörfer bekam 1185 städtische Rechte. Im hohen Mittelalter war Weißenfels ein bedeutender Handelsplatz zwischen der Mark Meißen und Thüringen. Nach dem Testament des sächsischen Kurfürsten Johann Georg I. wurde 1657 nicht nur in Zeitz, sondern auch in Weißenfels ein selbstständiges Herzogtum für einen seiner Söhne geschaffen. In seinem Residenzschloss Neu-Augustusburg ist das städtische Museum untergebracht, das auch an das einstige Zentrum mitteldeutscher Schuhindustrie erinnert.

This German market settlement in the midst of Slav villages was granted civic charters in 1185. At the height of the Middle Ages, Weissenfels was an important trading centre located between the Meissen March and Thuringia. When he died in 1657, the Saxon Elector Johann Georg I decreed in his will that independent duchies were to be set up for one of his sons not only in Zeitz, but also in Weissenfels. In his castle residence, Neu-Augustusburg, there is a museum, also with exhibits reminding us that this was once the centre of the central German shoe industry.

La colonie marchande allemande située au milieu de villages slaves reçut en 1185 sa franchise. À l'époque du haut Moyen-Âge, Weissenfels était un carrefour commercial important entre la Marche de Meissen et la Thuringe ; d'après le testament du prince-électeur Johann Georg Ier, un duché indépendant fut créé en 1657 non seulement à Zeitz mais aussi à Weissenfels, pour l'un de ses fils. Dans son château de Neu-Augustusburg se trouve un musée retraçant aussi l' histoire de la ville, jadis centre de l'industrie de la chaussure.

Schlacht bei Lützen 1632 (Gemälde von Jan Asselyn) / Battle near Lützen 1632 / Bataille près de Lützen es 1632

Im Dreißigjährigen Krieg trafen am 16. November 1632 beim Dorf Lützen in offener Feldschlacht die protestantischen Truppen, angeführt vom schwedischen König Gustav Adolf, auf die katholischen Verbündeten. In dem erbitterten Kampf starben sowohl der König als auch der kaiserliche Feldherr General Pappenheim. Im Jahre 1907 erbauten Schweden in Lützen ihrem großen König in schwedischer Bauweise eine sehenswerte Gedenkstätte mit einer Kapelle und einem Blockhaus als Museum.

On 16th November 1632, during the Thirty Years War, the Protestant troops led by the Swedish King Gustav Adolf fought a pitched battle against the Catholic allies near the village of Lützen. Both the king and the imperial commander General Pappenheim died in the fierce fighting. In 1907 the Swedes built a memorial in their native style to their great king, including a chapel and a museum.

Pendant la guerre de Trente Ans, les troupes protestantes, conduites par le roi suédois Gustav Adolf, rencontrèrent le 16 novembre 1632 leurs alliés catholiques sur un champ de bataille près du village de Lützen. Le roi, ainsi que le commandant en chef impérial, le général Pappenheim, succombèrent tous les deux au cours d'un combat acharné. En 1907, les Suédois construisirent, en hommage à leur roi, un monument remarquable dans le style architectural de leur pays, avec une chapelle et un blockhaus abritant un musée.

MERSEBURG mit Schloss und Dom

König Heinrich I. ließ gegen 930 um den Merseburger Burghügel einen Mauerring errichten, denn hier war die Saale unmittelbar Grenze zu den Widersachern unter den slawischen Stämmen auf dem gegenüberliegenden Ufer. Folgerichtig gründete sein Sohn dort ein Bistum. Dom und Schloss sind auch heute noch ein eindrucksvolles Ensemble. — Das Luxus- und Modebad mit seiner historischen Kuranlage und dem ruhmreichen Theater, an dem auch Goethe in der Farbgestaltung mitgewirkt hat, bewegte Schiller dazu, sich 1789 hier mit Charlotte von Lengefeld zu verloben.

MERSEBURG, palace and cathedral

In about 930, King Heinrich I had a circular wall built around the Merseburg castle hill, as the Saale at this point was the immediate border with his adversaries, the Slav tribes on the opposite bank. In keeping with this development, his son founded a bishopric. The cathedral and castle still form an impressive group of buildings. — The fancy luxury spa with its historic resort facilities and its glorious theatre, the colour scheme of which bears the influence of Goethe, convinced Schiller to get engaged here to Charlotte von Lengefeld in 1789.

MERSEBURG, château et la cathédrale

Vers 930, le roi Henri Ier fit construire un mur d'enceinte autour de la colline du château fort de Merseburg, car à cet endroit la Saale servait de frontière avec les tribus slaves ennemies installées sur l'autre rive. Son fils fonda à cet endroit un évêché. Même si des ajouts de style Renaissance recouvrent les parties plus anciennes. — La cathédrale et le château constituent encore un ensemble majestueux – En 1789, le poète Schiller choisit de célébrer ses fiançailles avec Charlotte von Lengefeld à Bad Lauchstädt, ville thermale élégante déjà très en vogue.

Goethestadt BAD LAUCHSTÄDT, historisches Kursaal-Gebäude ▷

QUERFURT mit Burg Querfurt / Querfurt with Querfurt Castle / Querfurt et son château

743 beginnt Wigbert mit der Missionierung der „Wilden Sachsen". Die Stadt wächst und gedeiht und hatte bereits 1198 Stadtrecht. Noch heute verfügt sie über eine gut erhaltene Altstadt (man spricht auch von dem Nürnberg von Sachsen-Anhalt) mit vielen barocken Bürgerhäusern, den beiden Stadtmauern und dem Rathaus aus der Spätrenaissance (17. Jh.), die nach schweren Stadtbränden neu entstanden. Die Burg Querfurt mit ihren gewaltigen Ringmauern aus dem 14. Jh. ist eine der größten und ältesten deutschen Burgen, flächenmäßig fast siebenmal größer als die Wartburg.

In the year 743 Wigbert began his missionary work among the "Savage Saxons". The town grew and prospered and was granted charters as early as 1198. An old town (often called the Nuremberg of Saxony-Anhalt) with well-preserved old buildings still exists today, two town walls and the late-Renaissance town hall (17th century) were rebuilt after serious fire damage. Querfurt Castle with its massive 14th-century ring-walls is one of the largest and oldest castles in Germany, with an area seven times bigger that of the Wartburg.

Wigbert commença à évangéliser les « Saxons sauvages » en 743. La cité se développa, prospéra et obtint son droit de ville dès 1198. Aujourd'hui encore, Querfurt abrite une vieille-ville bien conservée (on l'a surnommée la Nuremberg de Saxe-Anhalt). On peut y admirer de nombreuses maisons patriciennes baroques, les deux enceintes historiques et l'hôtel de ville de style Renaissance tardive (XVIIe) qui fut reconstruit après un incendie dévastateur. Le château de Querfurt, entouré de puissantes murailles, date du XIVe siècle.

BURG QUERFURT, Burgfest - Ritterspiele und Markttreiben / The Querfurt Castle Medieval Festival / fête médiévale – tournoi de chevaliers et marché

Am 3. Wochenende im Juni wird Querfurt und besonders die Burg ins Mittelalter zurückversetzt. Schaukämpfe von Rittern und Armeen, Marktgeschehen mit Gauklern, Feuerschluckern und Marketenderinnen, Burgfräuleins und Wirtsleute, stellen die damalige Zeit möglichst authentisch dar. Typische Speisen aus der damaligen Zeit in den Gefäßen wie sie früher auch gebräuchlich waren, Gulasch im Brotlaib und Met oder Wein aus Zinkbechern und das Ganze gegen die Währung von einst, zu Talern und Silberlingen. Für Interessierte ein sicher unvergesslicher Tag im „Mittelalter"

On the 3rd weekend in June, Querfurt and its castle are transported back into the Middle Ages. Each year the past comes alive and the area is filled with authentic battles and tournaments, and the Market bustles with jesters, fire-eaters, market sellers, innkeepers and princesses. You can also sample traditionally-served medieval cuisine (such as Goulash eaten from a round loaf, or mead or wine in zinc goblets) all paid for with traditional gold and silver coins. History-lovers shouldn't miss this unforgettable medieval experience.

Le troisième week-end de juin, Querfurt et son château se transportent au Moyen-Âge. Tournois de chevaliers, marché médiéval animé de saltimbanques, jongleurs et mangeurs de feu, aubergistes, dames nobles et badauds en costumes historiques, font revivre, presque à l'identique, la période moyenâgeuse. Des plats typiques de cette époque y sont servis comme jadis. On mange son ragoût dans des miches de pain, on boit son vin dans des gobelets en zinc et on paie en thaler, la monnaie de l'époque. Cette fête offre une journée inoubliable aux amoureux du Moyen-Âge.

von Halle / Saale zur Lutherstadt Wittenberg — Marktplatz mit Marktkirche, Händel-Denkmal und Rotem Turm

Den Marktplatz in Halle dominieren die Türme von Sankt Marien, bereits Hauptpfarrkirche bei der Stadtgründung, und der majestätische Rote Turm mit dem Roland. Dieser frei stehende Glockenturm wurde nach knapp hundertjähriger Bauzeit 1506 als Symbol der selbstbewussten Bürger vollendet. Eine Saalefurt und früh genutzte Solequellen als Voraussetzung lukrativer Salzgewinnung bestimmten Halles Historie. Nach 1650 kam die schnell wachsende Chemieindustrie (Buna, Leuna) hinzu.

The market square in Halle is dominated by the towers of St Maria, parish church ever since the city was founded, and by the majestic Red Tower. Building work on this free-standing bell tower was completed in 1506 after about a hundred years; it is a symbol of the self-confidence of the citizenry. A ford across the Saale and saline springs, the basis for a lucrative chemical industry, determined Halle's history. Around 1650 the rapidly developing chemical industry (Buna, Leuna) started up, too.

La place du Marché de Halle est dominée par les tours de Notre-Dame, déjà église paroissiale lors de la fondation de la ville, et par la majestueuse Tour Rouge avec le « Roland ». La construction de ce campanile dura près de cent ans, il fut achevé en 1506 et symbolise la fierté des bourgeois. Un gué de la Saale et une source d'eau saline, utilisée autrefois pour l'extraction lucrative du sel, ont déterminé l'histoire de Halle. Le développement rapide de l'industrie chimique (Buna, Leuna) s'y ajouta à partir de 1650.

HALLE, Moritzburg und das Händelhaus / The Moritzburg and the house of Händel / Le château de Moritzburg et la maison du Händel

Die Moritzburg wurde zwischen 1484 bis 1503 von den Magdeburger Erzbischöfen als Stadtherren errichtet. Das „Brautzimmer" mit Gemälden nach Hendrik Goltzius (1616) wurde erst nach 1882 aus einem Haus am Hallmarkt überführt. — Georg Friedrich Händel (1685-1759) stammte aus Halle und erarbeitete sich hier seine musikalischen Grundlagen, bevor er in Italien und London unsterbliche Werke schuf. In seinem Geburtshaus gibt es vielfältige Einblicke in sein Leben und Werk. Die jährlichen Händel-Festspiele sind Tradition.

Archbishops of Magdeburg, then lords of the city, had the Moritzburg built between 1484 and 1503. The Bridal Room with paintings by Hendrik Goltzius (1616) was moved here around 1882 from a house on the Hallmarkt. — Georg Friedrich Händel (1685-1759) was born in Halle, and developed his musical skills here before composing his great immortal works in Italy and London. In the house where he was born much can be learned about his life and work. The annual Händel-Festspiele have a long tradition.

Le château de Moritzburg fut construit entre 1484 et 1503 par les archevêques de Magdebourg qui dirigeaient la ville. La « chambre de l'épouse » avec ses tableaux peints par Hendrik Goltzius (1616) se trouvait dans une maison située sur le Hallmarkt et fut transférée dans le château seulement en 1882. — Georg Friedrich Händel (1685-1759), originaire de Halle, acquit dans cette ville des bases musicales avant de créer des œuvres immortelles en Italie et à Londres. La maison où il est né montre différents aspects de sa vie et de son œuvre. Le festival Händel est devenu un lieu de rencontre annuel pour tous les amateurs.

HALLE, Burg Giebichenstein

Bereits 961 gab es die Burg Giebichenstein. In ihrem Schutz wuchs eine der vier Ansiedlungen, die später Halle bildeten. Die Burg war erste Residenz der Erzbischöfe von Magdeburg. Bald nach der Fertigstellung der Unterburg verlor die Residenz an Bedeutung und wurde für wirtschaftliche Zwecke umfunktioniert; das führte mit der Zeit zu ihrem Verfall. 1921 wurde in der Unterburg eine Kunstgewebeschule eingerichtet, welche sich bis heute zur Hochschule für Kunst und Design entwickelt hat. Die Giebichensteinbrücke (1928) wurde mit Tierplastiken von Gerhard Marcks ausgestattet.

Burg Giebichenstein goes right back to the year 961. Under its protection one of the four settlements developed that were to become Halle. The castle was the first residence of the Arch-bishops of Magdeburg. Soon after the completion of the lower castle, the importance of the residence faded, and it was converted for economic purposes. This led to its deterioration over the years. In 1921, an arts school was set up in the lower castle. This art school has evolved to become today's University of Art and Design. The Giebichenstein Bridge (1928) features animal sculptures by Gerhard Marcks.

Le château fort de Giebichenstein existait déjà en 961. Sous sa protection se développa une des quatre colonies qui, plus tard, formèrent la ville de Halle. Le château fut la première résidence des archevêques de Magdebourg. Après la construction de l'Unterburg (château inférieur), la résidence épiscopale perdit de son importance, ne servant plus qu'à l'administration, et se délabra peu à peu. En 1921, l'Unterburg accueillit une école d'arts appliqués, devenue aujourd'hui les Beaux-Arts de Halle. Le parc du pont Giebichensteinbrücke (1928) est décoré de sculptures animalières de l'artiste contemporain Gerhard Marcks.

◁ HALLE, Saale-Idylle am Amselgrund
Saale Idyll in the Amselgrund Valley
merveilleuse Saale à Amselgrund

HALLE, Himmelsscheibe von Nebra, Fundort Nebra – Ausstellungsort Landesmuseum für Vorgeschichte Sachsen-Anhalt in Halle

Einen außerordentlich bedeutenden Fund der Bronzezeit machten Grabräuber in Nebra 1999. Die Himmelsscheibe von Nebra ist die erste bekannte Himmelsdarstellung aus dieser Zeit und stellt ebenso einen archäologischen Meilenstein in der Geschichte der Menschheit dar wie die weiteren Funde dieses Ortes. Die Himmelsdarstellung überliefert die damaligen Kenntnisse im astronomischen Bereich und ist außerdem ein wichtiger Anhaltspunkt über die vorgeschichtlichen Menschen. Weltkulturerbe der UNESCO seit 2013.

In 1999, grave robbers made an extremely important find from the Bronze Age in the town of Nebra. The Nebra sky disk is the first known representation of the sky from that time. Like the other finds from this location, it represents an archaeological milestone in the history of mankind. The representation of the sky conveys the knowledge people had at that time in the area of astronomy. World cultural heritage of the UNESCO since 2013.

Des fouilleurs clandestins découvrirent un objet remarquable à Nebra près de Wangen en 1999 : un disque céleste datant de l'âge du bronze. Ce disque de bronze qui est la plus ancienne représentation céleste retrouvée jusqu'à ce jour, est un jalon archéologique primordial dans l'histoire de l'humanité. Il dévoile les connaissances en astronomie des hommes de cette ère et jusqu'où ils commerçaient. Le disque et d'autres objets significatifs trouvés au même endroit sont exposés au musée de la Préhistoire. Héritage culturel mondial de l'UNESCO depuis 2013.

△ Himmelsscheibe in Halle

△ Landesmuseum für Vorgeschichte in Halle

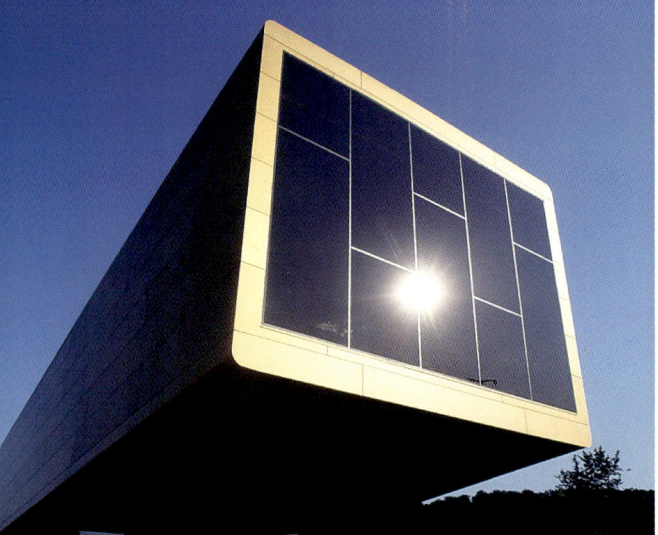

▽ Besucherzentrum Arche Nebra

▽ Virtuelle Figuren führen durch die Arche

▽ Aussichtsturm an der Fundstelle

LANDSBERG, Doppelkirche / Double Church / Eglise Double

Von der Burg Landsberg, die Markgraf Dietrich III. von Landsberg um 1160 auf einer Porphyrkuppe errichten ließ, ist – abgesehen von einigen Fundamenten – nur noch die romanische Doppelkapelle erhalten, ein einzigartiges Bauwerk. Denn Doppelkapellen wurden nur dort gebaut, wo ein besonderer Bezug zum Kaiserhaus der Staufer vorlag, wie durch die enge Bindung der Wettiner an Kaiser Barbarossa. Landsberg erlebte Ende des 13. Jahrhunderts durch den Markgrafen Dietrich dem Weisen als Territorialfürsten einen angemessenen Wohlstand.

Apart from some foundations, all that survives today of Landsberg Castle, built on a Porphyry hill in 1160 by the Margrave Dietrich III, is the unique Romanesque double chapel. Double chapels were only built when an area had a special link with the powerful Imperial House of Hohenstaufen. This chapel was built to celebrate the close relationship between the House of Wettin and the Holy Roman Emperor Barbarossa. Landsberg enjoyed reasonable prosperity under the Margraves of Dietrich until the end of the 13th century.

De Burg Landsberg, château fort que le margrave Dietrich III de Landsberg fit ériger vers 1160 sur un rocher de porphyre, il ne reste que quelques fondations et un édifice unique : la double chapelle romane. Les seigneurs ne pouvaient édifier de doubles chapelles que s'ils entretenaient des relations étroites avec la maison impériale des Staufer, à l'instar des liens entre les Wettiner et l'empereur Barberousse. Vers la fin du XIIIe siècle, la région de Landsberg connut une certaine prospérité grâce au margrave Dietrich le Sage qui obtint le titre de prince.

WETTIN an der Saale im Naturpark Unteres Saaletal – Stammburg der Wettiner / Wettin on the Saale, Wettin castle / Wettin sur le Saale, château wettin

Bereits 961 wurde „Vitrin" erwähnt, ein wichtiger Saaleübergang (noch heute Fährstelle) und Handelsplatz. Die Höhenburg wurde mehrfach überbaut und war als Stammburg der Wettiner, Markgrafen, Kurfürsten und Könige von Sachsen, von hoher Bedeutung. Burg und Stadt Wettin fielen 1288 an das Erzbistum Magdeburg. Ab 1300 erlebte die Burg eine wechselhafte Geschichte. Die aus Ober- und Unterburg bestehende Anlage ist heute in der Hand des Saalekreises und dient als Burg-Gymnasium mit einem Fachbereich Kunst, was eine Besonderheit ist..

In 961, "Vitin" (then Wettin's name) was already a key river crossing (today's Ferry harbor) and commercial center. The Hilltop Castle, which was rebuilt several times, enjoyed great significance as the seat of the House of Wettin, a lineage which produced Margraves, Electors, and Kings of Saxony. Both the Castle and town fell to the Magdeburg Archbishopric in 1288 and, from 1300, the castle lived through a rather checkered history. The Upper and Lower castle today serves as a High School which focusses on Art education.

Un lieu nommé « Vitrin », mentionné dès 961, était une place de commerce et un gué important sur la Saale. Un bac traverse toujours la rivière à cet endroit. Transformé plusieurs fois, le château supérieur était le berceau des Wettiner, margraves, princes-électeurs, puis rois de Saxe. Château et ville revinrent à l'archevêché de Magdebourg en 1288. Le château eut une histoire très mouvementée à partir de 1300. Le complexe comprenant les châteaux supérieur et inférieur appartient aujourd'hui à l'arrondissement de la Saale et accueille un lycée réputé pour sa section « musique ».

Lutherstadt EISLEBEN mit dem weißen Rathaus in der Bildmitte und rechts daneben die Andreaskirche

Im Jahr 1069 erhielt das Geschlecht der Mansfelder, das seine Stammburg in Mansfeld hatte, von Kaiser Heinrich IV. das Gaugrafenamt. Eisleben entwickelte sich bald zur Hauptstadt dieser Grafschaft. Ab 1121 setzten die Grafen von Mansfeld einen Stadtvogt für die Regierung der Stadt ein. Erst ab 1809 hatte Eisleben einen selbstständigen Bürgermeister, der nicht von der Obrigkeit eingesetzt worden war. In der Mitte des 12. Jh begann man mit dem Bau der ersten Stadtmauer, die den Markt und die umliegenden Gassen umfasste.

In 1069 the Mansfelders, whose ancestral seat was in Mansfeld, were raised to the rank of count (Graf) by Emperor Henry IV. Eisleben soon developed into the capital of the family's lands. From 1121 the counts of Mansfeld appointed a "Stadtvogt" to govern the town. Eisleben did not get an independent mayor, who had not been appointed by the lord, until 1809. Work on the first town wall, which encircled the market and surrounding streets, began in the mid-12th century.

En 1069, les Comtes de Mansfeld qui possédaient un château familial à Mansfeld, reçoivent de l'empereur Henri IV la fonction de Comte de Province. Eisleben se développe alors pour devenir la capitale de ce Comté. À partir de 1121, les Comtes de Mansfeld introduisent un prévôt pour le gouvernement de la ville. Ce n'est qu'à partir de 1809 qu'Eisleben a un bourgmestre indépendant qui n'est pas engagé par l'autorité. Le milieu du XIIe siècle est marqué par la construction des premières fortifications, avec le marché et les ruelles attenantes.

Lutherstadt EISLEBEN, Marktplatz mit dem Rathaus und den Türmen der Andreaskirche

Der Marktplatz ist ein beliebtes Zentrum der romantischen Lutherstadt Eisleben. Am Marktplatz steht auch das Rathaus (Mitte) und hinter den Häuserdächern ragen die Türme der Andreaskirche hervor. Die St. Andreaskirche stellt mit ihren Türmen den baulichen Mittelpunkt der historisch gewachsenen Altstadt Eislebens dar. Im Jahre 1180 wurde sie erstmalig erwähnt, ihre heutige Form bekam sie Ende des 15. Jh. Auf der 1509 erbauten Kanzel hielt Martin Luther im Februar 1546 seien letzen vier Predigten, bevor er am 18.02. verstarb.

The marketplace is a popular hub of the Romanesque Lutherstadt Eisleben. It is also home to the Town Hall (centre), and the church towers of St. Andreaskirche project above the rooftops. St. Andreaskirche with its towers forms the architectural heart of Eisleben's historic old town. First mentioned in 1180, it was given its present form at the end of the 15th century. On a pulpit built in 1509, Martin Luther gave his last four sermons in February 1546, before dying on the 18th of that month.

La place du marché est un centre convoité de la ville romantique de Eisleben. La mairie est située sur la place du marché (au milieu) et les clochers de l'église St André surplombent les toits des maisons. Avec ses clochers, l'église St André représente le cœur de la vieille ville dont l'identité a été forgée au fil des années. En 1180, la ville est mentionnée pour la première fois. Elle obtient sa forme actuelle à la fin du XVe siècle. Sur la chaire construite en 1509, Martin Luther tient ses quatre dernières prédications en février 1546, avant de mourir le 18 février.

Lutherstadt EISLEBEN

Der Bergmannssohn und Reformator Martin Luther (1483-1546) wurde in Eisleben geboren und starb auch in seiner Heimatstadt, als er einen Streit im Mansfelder Grafenhaus schlichten wollte. Sein Geburtshaus wurde bereits im 17. Jahrhundert als historisches Denkmal gepflegt. Die Annenkirche ist die Pfarrkirche der Neustadt, zu der anfangs auch ein Augustinerkloster gehörte. Ihre Kanzel, getragen von Moses, überrascht mit Renaissanceformen. Das Luther-Denkmal (1882) steht vor dem Rathaus.

EISLEBEN, the town of Luther

The miner's son and reformer Martin Luther (1483-1546) was born in Eisleben, and died here too, when he tried to mediate in a quarrel at the residence of the Counts of Mansfeld. The house where he was born has been preserved as a historical monument since the 17th century. The Annenkirche is the parish church in the New Town, which also once boasted an Augustan monastery. The Renaissance style of the pulpit, borne by Moses, is somewhat surprising. A statue of Luther (1882) stands outside the town hall.

EISLEBEN, la ville de Luther

Martin Luther (1483-1546), fils de mineur et réformateur, est né à Eisleben et il mourut également dans sa ville natale, alors qu'il voulait arbitrer une controverse dans la maison du comte de Mansfeld. Sa maison natale fut conservée comme monument historique dès le XVIIe siècle. L'église Sainte-Anne est l'église paroissiale de Neustadt, à laquelle était rattaché au début un monastère de l'ordre de Saint-Augustin. Sa chaire, portée par Moïse, étonne par ses formes Renaissance. La statue de Luther (1882) se dresse devant l'hôtel de ville.

△ Luther-Denkmal

△ Luthers Geburtshaus

▽ Luthers Sterbezimmer

▽ Ev. Annenkirche (1514-1608)

ASCHERSLEBEN, Rathaus und Markt / Town hall at the market square / Hôtel de ville et marché

Aschersleben, die älteste Stadt Sachsen-Anhalts, kann sich heute noch mit einer umfangreichen Stadtbefestigung rühmen. Viele Wehr- und Wachtürme sind noch gut erhalten. Im Mittelpunkt des Ortes erhebt sich die aus gelbem und grauem Sandstein erbaute gotische Stephanikirche. Nach hundert Jahren Bauphase konnte die Kirche 1506 vollendet werden. Hier befand sich auch die Stammburg Albrechts des Bären, des bedeutenden askanischen Grafen. Als Sitz der Askanier und Hauptstadt des Schwabengaus nahm Aschersleben eine wichtige geschichtliche Rolle ein.

Considerable sections of the town walls of Aschersleben, the oldest town in Saxony-Anhalt, have survived to this day, and many of its defensive towers and watchtowers are extremely well-preserved. The town centre is dominated by the Gothic church of St Stephen, built of grey and yellow sandstone. Completed in 1506, it took a century to build. Albrecht the Bear, the famed Askanian count, made the former castle into his chief residence. Aschersleben is historically significant as the seat of the Askanian dynasty and capital of the Schwabengau region.

Aschersleben, la plus vieille ville de Saxe-Anhalt, possède toujours une grande partie de son enceinte médiévale constituée de murs et tours de guet bien conservés. Au cœur de la localité se dresse la Stephanikirche de style gothique. La construction de l'église, bâtie en grès jaune et gris, dura 100 ans et s'acheva en 1506. C'est ici que se trouvait le château du comte Albert l'Ours (XIe siècle) avec lequel commença l'ascension de la dynastie des Ascaniens. Aschersleben a notamment sa place dans l'histoire comme berceau de cette maison princière qui régna jusqu'en 1918.

△ Hennenbrunnen am Marktplatz
▽ Mond-Sculptur an der Herrenbreite

Saale-Flusslandschaft bei Calbe / Fluvial landscape near Calbe / Le riviére de la Saale près de Calbe

Als die Toskana des Nordens wird die weite Leipziger Tieflandbucht bezeichnet. Die von Wäldern durchzogene Weite, gesäumt von Pappeln- und Obstbaumplantagen, schafft in dieser vom Klima gemäßigten Zone beste Voraussetzungen für die Entwicklung dieses besonderen Naturraumes. Der Naturpark „Saale-Unstrut-Triasland" mit der Auenlandschaft der Saale zwischen Calbe und der Flussmündung ist Lebensraum für Biber und Fischreiher, unverzichtbar als Winterquartier der Vogelwelt Nordeuropas.

The extensive plain around Leipzig is often described as the Tuscany of the North. Wide expanses of this low-lying area are covered in woodland and lined with orchards and rows of poplars, while the temperate climate means that it possesses all the requirements for development as an area of special natural interest. The Saale-Unstrut-Triasland Nature Reserve, which includes the flood plain of the Saale between Calbe and the mouth of the river, provides a habitat for beavers and herons and invaluable winter quarters for North European birds.

La région de plaines autour de Leipzig est parfois appelée la Toscane du Nord. Située dans une cuvette, cette région de forêts et de vergers, parsemée de rangées de peupliers, bénéficie d'un climat doux qui apporte les meilleures conditions pour un développement rural. Le parc naturel de « Saale-Unstrut-Triasland » et les prairies qui bordent la Saale entre Calbe et l'embouchure de la rivière sont l'habitat de castors et de hérons cendrés, entre autres espèces d'oiseaux.

BERNBURG an der Saale, Schloss Bernburg / Bernburg Castle / Château de Bernburg

Zu den schönsten Anblicken soll der brandenburgische Große Kurfürst das Schloss Bernburg hoch über der Saale gezählt haben. Hier residierten die Fürsten, später Herzöge von Anhalt-Bernburg, bis zur Auflösung des selbstständigen Landes 1863. — Von ihrem Schloss in Köthen regierten zwischen 1244 und 1847 die Fürsten und Herzöge von Anhalt-Köthen ihr Land. Fürst Ludwig I. gründete die erste deutsche Sprachgesellschaft (1617) und Johann Sebastian Bach komponierte hier und gab Konzerte.

The Great Elector of Brandenburg is said to have regarded Bernburg Castle high up above the Saale as one of the most beautiful sights. The Princes, later Dukes, of Anhalt-Bernburg resided here until 1863, when the independent state was dissolved. — From their castle in Köthen, the Princes and Dukes of Anhalt-Köthen ruled their territory. Prince Ludwig I founded the first German language association (1617) and Johann Sebastian Bach composed and performed his works here.

On dit que le grand électeur brandebourgeois considérait le château de Bernburg surplombant la Saale comme l'un des plus beaux points de vue. Les princes y résidèrent, plus tard les ducs de Anhalt-Bernburg, jusqu'à la perte de l'indépendance de la région en 1863. — Les princes et les ducs de Anhalt-Köthen régnèrent entre 1244 et 1847 depuis leur château de Köthen. Le prince Louis Ier fonda la première Académie de langue d'Allemagne (1617) et Jean-Sébastien Bach composa et donna des concerts au château.

Bachstadt KÖTHEN

Die Gründung der Stadt geht auf das Mittelalter zurück – Ersterwähnung war das Jahr 1115. Der Bau der St. Jakobskirche am Markt begann im Mai 1400 und wurde erst 1514 fertiggestellt. Sie ist das Wahrzeichen der Stadt KÖTHEN. Auch die Erwähnung des ersten Rathausbaus geht auf das Mittelalter um 1115 zurück. Der hist. Ratssaal ist eine Sehenswürdigkeit. Der berühmte Komponist Sebastian Bach komponierte hier an dem „Brandenburgischen Konzert" und dem „Wohltemperierten Klavier".

The town was founded in the Middle Ages – first documented in 1115. Work on St. Jakobskirche church, the symbol of KÖTHEN, began in May 1400 and was completed in 1514. The first mention of a town hall also goes back to the Middle Ages in 1115. The historic council chamber is worth seeing. Famous composer Sebastian Bach worked on his Brandenburg Concerto here and on the Well-Tempered Clavier.

La fondation de la ville remonte au Moyen-âge – la première mention date de 1115. La construction de l'église St Jacques a commencé en mai 1400 et s'est terminée en 1514. Elle est le véritable symbole de la ville de KÖTHEN. Même l'évocation de la première construction de mairie remonte au Moyen-âge, à 1115. La salle du conseil est sensationnelle. Le célèbre compositeur J.-S. Bach y a joué le « Concerto brandebourgeois » et « Le Clavier bien tempéré ».

KÖTHEN, Marktplatz mit St.-Jakob-Kirche und Rathaus

BITTERFELD

Nach einer Sage war Bitterfeld das „bessere Feld", wie es vor Zeiten von Neusiedlern entdeckt wurde. Als Dorf wird der Ort 1224 bereits genannt. Doch die Stadtentwicklung kam erst voran, als im 19. Jahrhundert umfangreiche Braunkohlevorkommen im Tagebau gefördert wurden. — Der wirtschaftliche Aufschwung kam mit der Industrieansiedlung und der Anbindung an das Eisenbahnnetz nach 1857. Die Chemiefabrikation hatte bis in die DDR-Zeit hinein die Luft sehr stark belastet, jedoch bestehen heute wieder gesunde Luftverhältnisse.

According to a legend, Bitterfeld was the "better field" discovered long ago by settlers. Existence of a German village is already recorded in 1224. But the town did not really start to grow until opencast mining of extensive lignite reserves began in the 19th century. — Prosperity came with industrialisation and the connection to the railway network after 1857. Chemical production caused a lot of air pollution until the GDR era, but this is no longer a problem.

D'après une légende, Bitterfeld était le « meilleur champ », découvert par des colons il y a fort longtemps. Un village allemand est mentionné en 1244. Cependant, la ville prit son essor seulement au XIXe siècle, lorsque l'on exploita dans des mines un important filon de lignite. — L'essor économique est arrivé avec l'implantation industrielle et le raccordement au réseau ferroviaire après 1857. La fabrication de produits chimiques avait beaucoup pollué l'air jusqu'à l'époque de la RDA. Fort heureusement, l'air est de nouveau sain aujourd'hui.

BITTERFELD mit dem Bernsteinsee am Stadtrand, der sich in dem Großen Goitzschesee fortsetzt

Ein Kontrast zur Industrieszene der Region Bitterfeld befindet sich vor der Stadt für willkommene Erholungsaktivitäten: Der Bernstein-see, der sich in einer Einheit mit dem Goitzschesee befindet. Die Entstehung dieser See-Region geht auf die Flutung stillgelegter Braunkohle-Tagebaustätten zurück. Im vorderen Uferbereich befindet sich die Villa am Bernsteinsee – eine im Stil Neorenaissance, ehem. Fabrikantenvilla, die heute eine gefragte, exklusive Hotel- und Tagungsstätte ist und einen Yachthafen bietet.

A contrast to the industry of the Bitterfeld region offers welcome recreation activities outside the town: the connected Bernsteinsee and Goitzschesee lakes. An opencast coal mine was flooded to create this lake landscape. The Villa am Bernsteinsee – a former factory owner's villa in Renaissance Revival style – sits right on the lakeside and is now a popular, exclusive hotel and conference venue with a marina.

En contraste avec la scène industrielle de la région de Bitterfeld, des activités de détente vous accueillent à l'entrée de la ville : le lac de Bernstein qui fait unité avec le lac de Goitzsche. L'apparition de cette région de lacs remonte aux mines de lignite désaffectées à ciel ouvert. Le lac est surplombé par la Villa am Bernsteinsee – une ancienne villa de fabricants style néorenaissance, reconvertie en hôtel exclusif proposant des salles de conférence et un port de plaisance.

BAD SCHMIEDEBERG, Jugendstil-Kurhaus am Schwanenteich / ANNABURG mit dem ehemal. Wasserschloss

Das staatlich anerkannte Moor-, Mineral- und Kneippheilbad Bad Schmiedeberg liegt im Naturpark Dübener Heide ca. 20 km südöstlich der Kreisstadt Wittenberg. Erstmals wird der Ort im Jahr 1206 als Smedeberg erwähnt. 1350 erhielt der Ort die Stadtrechte. - Das einstige Wasserschloss Annaburg wurde um 1575 in der Niederung zwischen Elbe und Schwarzer Elster erbaut. Dort hatte bereits ein Jagdschloss gestanden; nun wurde der Neubau kursächsischer Witwensitz.

The renowned mud, mineral and Kneipp spa of Bad Schmiedeberg lies within the Düben Heath Nature Park, approx. 20 km south-east of Wittenberg. It is first mentioned in 1206 as "Smedeberg". The town got its charter in 1350. -The former moated castle of Annaburg was built about 1575 between Elbe and Schwarzer Elster. Previously the site of a hunting lodge, the new building became the home of the Elector of Saxony's widow.

Connue pour ses marais, ses minerais et ses thermes, la ville de Bad Schmiedeberg se trouve dans le parc naturel de Dübener Heide, à env. 20 km au sud de Wittemberg. Le lieu est mentionné pour la 1ère fois en 1206 sous le nom Smedeberg. En 1350, il obtient le statut de ville. - L'ancien château d´Annaburg fut construit vers 1575, dans le bassin entre l'Elbe et l'Elster Noire. À cet endroit se dressait précédemment un pavillon de chasse, puis le nouvel édifice devint la résidence de la veuve de l'électeur saxon.

Lutherstadt WITTENBERG

Ende Oktober 1517 schlug der aus Eisleben gebürtige Mönch und Professor Dr. Martin Luther an das Portal der Schlosskirche der Wittenberger Universität seine 95 Thesen gegen den Ablasshandel an. Sie wurden sofort als grundsätzliche Ablehnung päpstlicher Herrschaft in deutschen Landen verstanden. Im Jahre 1858 wurde – auch auf Betreiben des preußischen Königs – anstelle des historischen Portals eine bronzene „Thesentür" mit dem vergoldeten Luther-Text eingesetzt.

WITTENBERG, the city of Luther

At the end of October 1517 the monk and professor from Eisleben, Dr Martin Luther, nailed his 95 theses against the sale of indulgences to the door of Wittenberg University's Schlosskirche. They were immediately interpreted as a fundamental denial of papal authority in the land of Germany. In 1858, in a move supported by the King of Prussia, the original historical door was replaced by a bronze one bearing Luther's words in gold.

WITTENBERG, la ville de Luther

Fin octobre 1517, le professeur Martin Luther, moine natif de Eisleben, cloua ses 95 thèses condamnant la vente des indulgences sur les portes de l'église du château de l'université de Wittenberg. Elles furent immédiatement interprétées comme un refus de principe de l'autorité du pape dans les régions allemandes. En 1858 – notamment sous l'impulsion du roi de Prusse – on installa à la place de la porte historique une « porte des thèses » en bronze avec le texte de Luther en lettres dorées.

WITTENBERG / Elbe, Schlosskirche

Die Wittenberger Schlosskirche wurde am 31. Oktober 1892 neu in Anwesenheit von Kaiser Wilhelm II. geweiht, der wie Kaiser Friedrich III. als Kronprinz Einfluss auf die Umbaupläne und die Ausstattung genommen hatte. Man findet hier die letzte Ruhestätte von Luther und Melanchthon, aber auch die Grablege der askanischen Fürsten von Wittenberg. Mit Statuen der Reformatoren, mit Bronzemedaillons von zeitgenössischen Künstlern und Gelehrten wird der Raum zur Ruhmeshalle der Luther-Zeit.

WITTENBERG / Elbe, Schlosskirche

The Wittenberg Schlosskirche was reconsecrated on 31st October 1892 in the presence of Emperor William II, who, like Emperor Frederick III as Crown Prince, influenced the architect's plans and the interior decoration. The tombs of Luther and Melanchthon are to be found here, also that of the Askan Princes von Wittenberg. With its statues of the Reformers and bronze medallions by contemporary artists and scholars, the interior is a veritable pantheon of the Lutheran period.

WITTENBERG, l'église du château

L'église du château de Wittenberg fut consacrée à nouveau le 31 octobre 1892 en présence de l'empereur Guillaume II, qui, ainsi que l'empereur Frédéric III, alors prince héritier, avait influencé les plans de rénovation et l'aménagement intérieur. On y trouve les tombes de Luther et de Melanchthon, mais aussi les ossuaires des princes ascaniens de Wittenberg. La pièce est transformée en salle com-mémorant l'époque de Luther, grâce aux statues des réformateurs et aux médaillons de bronze d'artistes contemporains et de savants.

Lutherstadt WITTENBERG / Elbe, Marktplatz mit Rathaus und Stadtkirche St. Marien / Market square / Place du marché

Nach dem Aussterben der Askanier machte der Wettiner Friedrich der Weise im ausgehenden 15. Jahrhundert Wittenberg zu seiner Residenz und zu einer starken Festung. Wittenberg war Ausgangspunkt der lutherischen Reformationsbewegung und eines der historischen, geistigen und kulturellen Zentren in Europa. Viele Persönlichkeiten prägten das humanistische Geistesleben der Stadt, unter anderem Martin Luther und Philipp Melanchthon, deren Denkmäler vor dem Renaissance-Rathaus (1535) stehen.

When the line of the Askanier became extinct, Frederick the Wise made Wittenberg his residence at the end of the 15th century and it became a strong fortress. Wittenberg was the starting point of the Lutheran Reformation and one of the most important historical, intellectual and cultural centres of Europe. Many famous personalities helped to shape the humanistic life of the city, including Martin Luther and Philipp Melanchthon, whose statues grace the Renaissance town hall (1535).

Après la disparition des Ascaniens, Frédéric le Sage de la lignée des Wettin fortifia Wittenberg à la fin du XVe siècle et en fit sa résidence. Wittenberg fut le berceau de la réforme luthérienne et un important centre culturel et historique en Europe. De nombreux grands personnages marquèrent la vie spirituelle de la ville, entre autres le réformateur Martin Luther et son collaborateur Philipp Melanchthon dont la statue se dresse devant l'hôtel de ville Renaissance (1535).

Lutherstadt WITTENBERG, Blick zum Schlosskirchturm und Martin-Luther-Denkmal

Die Schlosskirche, auch Kirche der Reformation, ist eine evang. Kirche in der Lutherstadt Wittenberg und seit 1996 UNESCO-Welterbestätte. Sie ist die größte Kirche der Stadt und grenzt im Süden an das Schloss Wittenberg. – Das Lutherdenkmal in Wittenberg ist ein seit 1821 auf dem Marktplatz der Stadt stehendes Denkmal, das an den Reformator Martin Luther erinnern soll. Es handelt sich um das erste Denkmal dieser Art in Deutschland, in der ein nichtadliger Mensch mit einem freistehenden Standbild öfftl. geehrt wird.

Also known as the Reformation Church, the Protestant Schlosskirche (Castle Church) has been a UNESCO World Heritage Site since 1996. It is the largest church in Wittenberg and adjoins the Castle to the south. – A statue was erected in the town's marketplace in 1821 to commemorate the Reformer Martin Luther. It is the first memorial of its kind in Germany, publicly honouring a non-noble person with a freestanding statue.

L'église de la Toussaint de Wittemberg est une église évangélique qui figure depuis 1996 au patrimoine mondiale de l'UNESCO. Située au sud du château de Wittemberg, elle est la plus grande église de la ville. – Depuis 1821, une statue du réformateur Martin Luther se trouve sur la place du marché pour honorer sa mémoire. C'est la 1ère fois en Allemagne que l'on rend hommage publiquement à une personne non-noble en lui dressant une statue.

△ Schlossgarten-Brücke ▽ Schloss Wörlitz

△ Gothisches Haus ▽ Venus-Tempel

Die mittlere Elbregion

Wörlitzer Park bei Dessau / Wörlitzer parc near Dessau / Parc de Wörlitz près de Dassau

Um das frühklassizistische Schloss Wörlitz (1773) ließ Fürst Leopold III. Friedrich Franz von Anhalt-Dessau aus einem toten Elbarm den ersten englischen Landschaftspark auf dem Kontinent anlegen. Ein Werk der Aufklärung, im wahrsten Sinne des Wortes. In Gebäuden, Sammlungen und Pflanzen kann man verschiedentlich die lustvolle Lebensweise in Darstellungen mit erotischem Bezug finden. Der Park lädt zum Träumen und Entdecken ein, der Geist und die Sinne werden geschärft und bereiten das Auge für die Kunst der Sammlungen der Museen im Park vor.

The first English landscaped park on the continent was laid out by Prince Leopold III Friedrich Franz of Anhalt-Dessau on a dried-up bed of the Elbe in the grounds of his neo-classical Schloss Wörlitz (1773). It was a work of the Enlightenment in the true sense. Leopold's exuberant love of life is reflected in all the park's features, from the collections, the architecture and the plants to the portrayals of erotic scenes. To explore the dreamy beauty of the park is a sensual experience that sharpens one's vision for the works in the park's art museums.

Le prince Léopold Friedrich Franz III de Anhalt-Dessau fit aménager le premier parc de style anglais du continent européen autour du château néoclassique de Wörlitz (1773), érigé sur un bras mort de l'Elbe. C'était un oeuvre des Lumières, également au sens propre du terme : l'architecture, la végétation et les collections d'art reflètent la vie de plaisirs du prince. Les jardins invitent à la rêverie et à une découverte sensuelle; l'esprit et les sens y sont aiguisés pour savourer la beauté des collections d'art exposées dans le musée du parc.

DESSAU an der Mulde-Mündung in die Elbe / at the Mulde estuary into the Elbe / Embouchure de la Mulde

Prinz Johann Georg (1748-1811) träumte von einem Gartenreich (Dessau-Wörlitz) und schaffte mit seinem Freund F. W. Erdmannsdorff einen Landschaftsgarten, der nicht nur die Schönheit, sondern auch landwirtschaftliche, ökonomische und bildungspolitische Aspekte berücksichtigte. In diesem „Reich" sind alle Schlossanlagen der Umgebung vereint. Das berühmte Bauhaus (1925-26) von Walter Gropius entstand ohne Schnörkel, ganz nach der Idee: Die Form gehorcht der Funktion. Ein Stil, der bahnbrechend Kunst und Technik in der Moderne vereint.

Prince Johann Georg (1748-1811) dreamt of a garden paradise (Dessau-Wörlitz) and together with his friend F. W. Erdmannsdorff created a landscaped park that was not only designed to be beautiful but also to take commercial, economic and educational aspects into consideration. All the great parks of the area are combined in this horticultural kingdom. The pioneering architecture of the renowned Bauhaus (1925/6), the work of Walter Gropius, was based on the principle that form follows function. Dessau Bauhaus adopted Gropius's motto of `Art and Technology – a Unity'.

Le prince Johann Georg (1748-1811) réalisa un rêve en créant avec son ami l'architecte F. W. Erdmannsdorff, un immense espace paysager qui alliait la beauté à des aspects économiques, agricoles et culturels. Tous les parcs des châteaux environnants sont réunis dans le « royaume-jardin » du prince. Fondateur du style Bauhaus, Gropius installa à Dessau, à partir de 1925, la célèbre école d'architecture et d'arts appliqués innovatrice, qui alliait art et technique. L'une de ses œuvres les plus admirables est l'édifice (1925-1926) qui abritait les divers ateliers de l'école.

△ Schloss und Garten Luisium ▽ Rathaus **DESSAU** △ Schloss Georgium mit Landschaftsgarten ▽ Bauhaus (1925-26)

DESSAU, Schloss Mosigkau / Mosigkau Palace / Château de Mosigkau

Schloss Mosigkau, Gartensaal mit Gemäldegalerie

Erste Entwürfe für den Bau des Schlosses Mosigkau stammen vermutlich von Georg Wenzeslaus von Knobelsdorff. Der „Alte Dessauer" Fürst Leopold I. von Anhalt-Dessau ließ es bis 1757 für seine Tochter Anna Wilhelmine erbauen. Einzigartig ist der Gartensaal mit der Gemäldegalerie aus der oranischen Erbschaft der Dessauer Fürsten. Die Orangerie findet besondere Beachtung wegen der seltenen und zum Teil Jahrhunderte alten Kübelpflanzen, die während des Sommers den wunderbaren Rokokogarten zieren.

The first plans for Schloss Mosigkau were apparently drawn up by Georg Wenzeslaus von Knobelsdorff. The commission came from the "Old Dessauer", Duke Leopold I. of Anhalt-Dessau, and the building, a present for his daughter Anna Wilhelmine, was completed in 1757. The exquisite garden room and picture gallery were inherited from a branch of the ruling family of Dessau. The Orangerie is of particular interest for its collection of rare potted plants, some hundreds of years old, that adorn the wonderful Rococo gardens during the summer months.

Les premiers croquis du château de Mosigkau sont sans doute dus à l'architecte Georg Wenzeslaus von Knobelsdorff. Le prince Leopold Ier de Anhalt-Dessau le fit bâtir pour sa fille Anna Wilhelmine. La construction fut achevée en 1757. Remarquable est la Salle du Jardin avec la galerie des peintures provenant de l'héritage oranien des princes de Dessau. L'Orangerie est également à visiter. Elle abrite des plantes rares, certaines âgées de plusieurs siècles, qui ornent le superbe parc baroque du château durant l'été.

ZERBST/Anhalt, Stadt mit Heidetor / Anhalt, city with Heidetor

Zerbst an der Nuthe verlor am 16. April 1945 seinen historischen Kern als Residenz eines selbstständigen Fürstentums (1603-1793), dem auch Zarin Katharina II. von Russland entstammte. Das Barockschloss blieb danach Ruine wie die Nikolaikirche am straßenförmigen Markt mit dem Roland. Den Zentralbau der Trinitatiskirche schuf der Holländer Cornelis Ryckwaert, der nicht nur Schloss Zerbst, sondern auch die Stadtanlage Oranienbaum entwarf. Im gut erhaltenen Mauerring steht noch das repräsentative Heidetor.

On 16th April 1945, Zerbst on the Nuthe lost its historic centre, residence of an autonomous principality (1603-1793), a line from which Czarina Catherine II of Russia descended. The baroque castle remained a ruin, as did the Church of St Nicholas on the long drawn-out market square with its figure of Roland. The main part of the Church of the Holy Trinity was built by the Dutchman Cornelis Ryckwaert, who designed not only Zerbst Castle, but also baroque Oranienbaum. The impressive Heidetor still stands in the great circular wall.

Zerbst sur la Nuthe perdit le 16 avril 1945 son centre historique bâti quand la ville était Résidence d'une principauté independante (1603-1793), dont était originaire la tsarine Catherine II. de Russie. Le château baroque demeura ensuite en ruines ainsi que l'église Saint-Nicolas sur la Place du Marché avec le « Roland ». Le bâtiment principal de l'église de la Trinité fut créé par le Hollandais Cornelis Ryckwaert qui conçut non seulement le château Zerbst, mais aussi le parc « Oranienbaum ». Dans le mur d'enceinte bien conservé se trouve encore la porte typique « Heidetor ».

Landeshauptstadt MAGDEBURG, Elbuferblick mit Dom

MAGDEBURGER REITER, Alter Markt

Der Magdeburger Reiter wurde etwa 1240 auf dem Alten Markt aufgestellt. Er ist das älteste freistehende Reiterstandbild nördlich der Alpen. Die Magdeburger sehen in ihm Kaiser Otto den Großen, in den beiden Frauenfiguren Ottos Gemahlinnen, Editha und Adelheid. Das steinerne Original des Denkmals befindet sich im Kulturhistorischen Museum. Der vergoldete Bronzeabguss wurde 1966 aufgestellt. Auf dem Alten Markt befinden sich noch weitere Denkmäler: der Roland neben dem Rathaus und ein Eulenspiegel, der hier einst die Magdeburger genarrt haben soll.

The Magdeburg Horseman, Alter Markt

The Magdeburg Horseman on the Alter Markt was erected in about 1240. It is the oldest free-standing equestrian statue north of the Alps. The people of Magdeburg consider that the three figures represent Emperor Otto the Great in the company of his wives Edith and Adelheid. The gilded bronze cast was erected in 1966, while the stone original stands on the Cultural History Museum. Other monuments in the market square include statues of Roland, beside the Town Hall, and of Till Eulenspiegel, the jester who is said to have made fools of the local people.

Chevalier de Magdebourg, Alter Markt

La statue du « Chevalier de Magdebourg » fut érigée sur la place du Vieux-Marché en 1240, ce qui en fait la plus ancienne statue équestre d'Allemagne. Elle représente Otton et ses deux épouses Édith et Adélaïde. L'original de l'ensemble, sculpté dans la pierre, se trouve au musée de l'histoire culturelle de Magdebourg. La réplique en bronze doré fut installée en 1966. D'autres monuments ornent la place : une statue de Roland à côté de l'hôtel de ville et une de Till l'Espiègle qui mystifia les habitants de Magdebourg.

Landeshauptstadt MAGDEBURG, Landtag / MAGDEBURG, State Parliament / MAGDEBOURG, Parlement d'un land

Die heutige Bebauung des Domplatzes geht auf einen Entwurf des „Alten Dessauers" Fürst Leopold I. von Anhalt-Dessau zurück. Der Festungsbaumeister Gerhard Cornelius von Walrave, in preußischen Diensten stehend, war von 1724 bis 1728 maßgeblich an der Errichtung der Gebäude am Domplatz beteiligt. 1944 wurden diese zum größten Teil zerstört, 1953 begann man mit dem Wiederaufbau. Um ein möglichst geschlossenes Gebäudeensemble zu errichten, wurde die Bauweise dem historischen Barockstil angepasst. Seit dem 17. Januar 1991 hat der Landtag von Sachsen-Anhalt hier seinen Sitz.

The layout of the cathedral square was originally designed by Prince Leopold I of Saxony-Anhalt. The fortress architect Gerhard Cornelius von Walrave, an employee of the Prussian crown, played a leading role in the construction of the buildings between 1724 and 1728. They were largely destroyed in 1944; reconstruction began in 1953. In order to achieve an image as harmonious as possible, it was decided to follow the historical baroque style. The state parliament of Saxony-Anhalt has been housed here since 17th January 1991.

L'agencement actuel de la place de la cathédrale remonte à un concept élaboré par le prince Léopold I. de Anhalt-Dessau. Gerhard Cornelius von Walrave, architecte d'aménagements militaires, au service de la Prusse, participa activement à la réalisation des bâtiments édifiés entre 1724 et 1728 autour de la place de la cathédrale. Détruits pour la plupart en 1944, leur reconstruction fut entreprise à partir de 1953. Le style architectural fut adapté au style baroque historique afin de créer un ensemble aussi harmonieux que possible. Le Parlement de Saxe-Anhalt siège ici depuis le 17. janvier 1991.

MAGEBURG, Andacht im Dom

Am Heiligen Abend versammeln sich die Gläubigen zur Andacht in der Bischofskirche der Evangelischen Kirche Mitteldeutschlands. Mit dem Magdeburger Dom begann die Geschichte der Gotik auch in Deutschland. Er ersetzt den 1207 zerstörten ottonischen Vorgängerbau. 1209 begannen die Bauarbeiten, 1520 endeten sie mit der Fertigstellung der Türme an der Westfassade. Bedingt durch die lange Bauzeit lässt sich am Dom die Entwicklung der Gotik ablesen. Beeindruckend ist die Raumwirkung der 120 Meter langen und im Gewölbe 32 Meter hohen Kreuzbasilika.

MAGEBURG, Christmas Eve service

On Christmas Eve the congregation gather for a service in the cathedral of the Protestant Diocese of Central Germany. The Magdeburg Cathedral destroyed in 1207, and it also marked the start of the Gothic period in Germany. Work began in 1209, but did not end till 1520, when the towers were added to the west front. Because of this long building period, it is possible to trace the development of the Gothic style in the Cathedral's architecture. Simply its size is impressive: it is 120 metres long, with vaulting 32 metres high.

MAGEBURG, Messe de Noël

Les fidèles assistent à la messe de minuit dans la cathédrale du diocèse évangélique de la région. L'histoire du gothique en Allemagne commence à la cathédrale de Magdebourg, qui remplaça une cathédrale ottonienne détruite en 1207. Construite à partir de 1209, elle fut achevée en 1520 avec l'édification des tours de la façade ouest. Cette période de construction sur trois siècles permet de suivre le développement du style gothique. Longue de 120 mètres et haute de 32 mètres, la nef centrale voûtée offre une perspective admirable.

„Das Fürstenpaar" im Dom

Aus dem 13. Jahrhundert stammt die kleine 16-eckige Kapelle mit einem auf dem Thron sitzenden Herrscherpaar. Die Magdeburger betrachten das Kunstwerk als den späteren Kaiser Otto den Großen und seine erste Gemahlin, Editha von Wessex, andere Deutungen sprechen von einem Bildnis des „Himmlischen Brautpaares Christus und die Kirche". Die 19 Kugeln im Arm Ottos symbolisieren die Anzahl der Wagenladungen Gold, die er als König für den Bau des Doms gestiftet haben soll. Die Gräber des für Magdeburg so bedeutsamen Herrscherpaares befinden sich im Hohen Chor des Doms.

"The Princley Couple", Cathedral

The small 16-sided chapel of Magdeburg Cathedral dates from the 13th century and contains the figures of a crowned couple seated on a throne. The Magdeburgers regard these statues as representations of Emperor Otto I and his wife Edith of Wessex. They may, however, depict Christ and his holy bride, the Church. The nineteen spheres held by the king symbolise the number of wagonloads of gold he is said to have donated to the interior of his new cathedral. The tombs of Otto and Edith, two rulers who had an immense impact on the city's future, are in the chancel.

« Le Couple Princier », cathédrale

Datant du XIIIe siècle, la petite chapelle à 16 angles abrite un couple de souverains assis sur leur trône. Il représenterait le « Couple céleste de Jésus-Christ et l'Église », mais pour les habitants de Magdebourg, les personnages figurent l'empereur Otton le Grand, bienfaiteur de la ville, et Édith de Wessex, sa première épouse. Les 19 boules que tient le souverain symbolisent le nombre de chariots remplis d'or que Otton donna pour la construction de la cathédrale. Les tombeaux de l'empereur et son épouse se trouvent dans le chœur de la cathédrale.

Landeshauptstadt MAGDEBURG, Breiter Weg mit dem Hundertwasserhaus Grüne Zitadelle

Der DOM St. Mauritius und St. Katharina ist der gewaltigste Kirchenbau Ostdeutschlands. Die weithin sichtbaren Türme sind 99,25 Meter und 100,98 Meter hoch. Den höheren Nordturm ziert zudem noch eine drei Tonnen schwere Kreuzblume. Das Gegenstück auf dem Südturm soll ein kroatischer Kanonier während des 30-jährigen Krieges abgeschossen haben. Eine Legende. Tatsächlich glichen die einfallsreichen Bauherren damit Bodenunterschiede aus.

The CATHEDRAL of St Maurice and St Catherine is Eastern Germany's largest ecclesiastical building. Its two towers, 99.25 and 100.98 metres high, are visible from afar. The higher north tower is topped by a finial weighing three tons, and legend has it that its counterpart on the south tower was shot down by a Croatian bombardier in the Thirty Years' War. In actuality, the ingenious builders were compensating for an uneven site.

La CATHDRALÉ Saint-Maurice et Sainte-Catherine de Magdebourg est le plus vaste édifice religieux de l'est de l'Allemagne. Ses tours de 99,25 et 100,98 mètres sont visibles de loin. La tour nord est couronnée d'un fleuron de 3 tonnes. Celui de la tour sud aurait été détruit par un canonnier croate durant la guerre de Trente Ans. Mais en vérité, le fleuron de la tour nord était unique, les bâtisseurs l'ayant installé pour remédier à une inégalité du sol.

MAGDEBURG, Die Grüne Zitadelle – Entwurf von Friedensreich Hundertwasser / designed by Friedensreich Hundertwasser / Citadelle verte

Friedensreich Hundertwasser war es bereits Mitte des 20. Jahrhunderts ein Anliegen, den Wohnraum individuell nach den Bedürfnissen der Menschen wie eine dritte Haut zu gestalten, die sich anschmiegt, anpasst und in der man sich sicher und geborgen fühlt – sozusagen ein Paradies auf Erden. Dieser Gedanke inspirierte ihn zu dem Entwurf der Grünen Zitadelle in Magdeburg, ein Projekt, welches die Natur, Kunst und Schöpfung als Einheit bildet. Inmitten einer Welt von Rationalität und Bauvorschriften schuf er einen Ort der Kreativität und des Ausdrucks.

In the mid-20th century, the Austrian artist Friedensreich Hundertwasser devoted himself to architectural projects in which living space was designed as a "third skin" adapted to the needs of residents, like a nest in which one feels sheltered and secure – a paradise on earth, so to speak. This idea provided the inspiration for his "Grüne Zitadelle" in Magdeburg, a project that blends nature, art and creation. In a world of rational sterile architecture and building regulations, Hundertwasser constructed a place of creativity and individual expression.

Dans les années 1950, l'artiste autrichien Friedensreich Hundertwasser avait déjà l'idée de créer un habitat urbain répondant aux besoins profonds des gens, un habitat qui ferait partie d'eux-mêmes et dans lequel ils se sentiraient en sécurité, en somme, une sorte de paradis sur terre. Il réalisa cette vision en concevant la Citadelle verte située à Magdebourg. Ce projet réunit la nature, l'art et la création universelle. Dans un monde de rationalité et de règlements sur les constructions, il a créé un lieu qui célèbre l'expression et la créativité.

MAGDEBURG, Blick über die Elbe zum Rotehornpark mit Stadthalle und Aussichtsturm / View over Rotehorn Park / Vue sur le parc Rotehorn

Auf der Rotehorn-Insel in der Elbe wurde ein Landschaftspark mit zahlreichen Wander- und Reitwegen angelegt, der durch Bootshäuser und Gaststätten komplettiert wurde. Aus der Tauben Elbe entstand der Adolf-Mittag-See. 1922 bis 1927 baute man ein Ausstellungsgelände, von dem die Stadthalle, der Aussichtsturm und das Pferdetor erhalten sind. Der Bau der Stadthalle nach einem Entwurf von Johannes Göderitz dauerte nur viereinhalb Monate. 1922 verband man den Stadtpark über die Sternbrücke mit der Altstadt. 2005 wurde die neu errichtete Brücke eröffnet.

On Rotehorn island in the Elbe, a park was laid out more than a century ago, with paths, bridleways, boathouses and restaurants. The stretch of river named the Taube Elbe was widened to form Adolf Mittag lake. Between 1922 and 1927 an exhibition area was built, of which the civic centre, observation tower and notable Horse Gateway remain. Work on the civic centre, designed by Johannes Göderitz, took only four and a half months. After a new bridge had been built, it connected the park with the Old Town. After extensive renovation, the bridge was reopened in 2005.

Un vaste parc sillonné de chemins de randonnées et de pistes cavalières fut aménagé sur l'île de Rotehorn au milieu de l'Elbe. Des embarcadères et divers restaurants complètent son infrastructure. Le lac Adolf-Mittag était créé à partir d'un bras du fleuve. De 1922 à 1927 fut construit un parc des expositions dont il reste la salle municipale (Stadthalle), la Tour et la Porte des chevaux. Le Stadhalle fut bâti en quatre mois et demi selon des plans de Johannes Göderitz. En 1922, le Sternbrücke relia le parc à la Vieille-Ville ; le nouveau pont date de 2005.

MAGDEBURG, Rotehornpark / The Rotehorn Park / Parc de Rothehorn

Mit Tret- und Ruderbooten kann man zahlreiche Wasserläufe im Stadtpark erkunden und sich in der ruhigen Umgebung herrlich entspannen. Nicht nur Menschen genießen das Biotop im Herzen der Stadt, auch viele Tierarten fühlen sich hier wohl. Der Adolf-Mittag-See ist zwischen 1906 und 1908 entstanden. Dazu erweiterte man einen Elbarm, die so genannte Taube Elbe. Mit seiner Bootsinsel, dem etwas später errichteten Marientempel und den beiden Holzbrücken ist er ein besonderes Kleinod im Rotehornpark.

You can hire a pedal boat or rowing boat to explore the waterways of this park at the heart of the city, and relax in the tranquil surroundings of a biotope that is also home to many animal species. The Adolf-Mittag lake was dug out between 1906 und 1908 by widening the Taube Elbe, a branch of River Elbe running through Rotehorn Park. With its boat island, two wooden bridges and Marientempel pavilion, a later addition, the lake is the jewel of Rotehorn Park.

En pédalo ou en barque, on peut se promener sur les nombreuses voies d'eau du parc municipal et en goûter l'atmosphère paisible. Le parc n'est pas seulement très apprécié des habitants de Magdebourg ; ce biotope au cœur de la ville est aussi l'habitat de nombreuses espèces animales. Aménagé entre 1906 et 1908, le lac Adolf-Mittag est le résultat de l'élargissement d'un bras de l'Elbe surnommé « Taube Elbe ». Il offre un paysage rempli de charme avec son embarcadère, une chapelle dédiée à Marie, bâtie ultérieurement, et deux ponts de bois.

Einmal im Jahr findet die Elbauennacht statt, bei der es neben Musik auch spektakuläre Lichtinszenierungen zu sehen gibt. — Der Kuppelsaal des Jahrtausendturms begrüßt den Besucher mit einem Einblick in die Technik der Antike, der bis ins Jahr 500 reicht. Zu sehen sind unter anderem ein Aquädukt, mit Dampfkraft öffnende Tempeltore und eine altägyptische Grabkammer. Neben diesen Ausstellungsstücken hängt im Kuppelsaal auch ein Foucaultsches Pendel. In den anderen Etagen finden sich Ausstellungsstücke aus späteren Jahrhunderten bis zu unserer Zeit.

The so-called Elbauen Night takes place once a year, and the programme includes not only musical entertainment but also spectacular lighting displays. — In the cupola room of the Millennium Tower, visitors are greeted by an exhibition of antique technology that goes back to the year 500. You can, for example, see an aqueduct, temple doors with steam-driven movements and an old Egyptian burial chamber. Besides these exhibits, there is also an example of Foucault's Pendulum. Other floors show scientific inventions from later centuries up to the present.

Une fois par an, la fête de Nuit de l'Elbe offre maintes attractions dont des concerts et jeux de lumières spectaculaires. — La coupole de la Tour des mille ans accueille les visiteurs avec un aperçu de la technique depuis l'antiquité à 500 ans de notre ère. On peut admirer entre autres un aqueduc, des portes de temple antique s'ouvrant à la force de la vapeur et une salle funéraire égyptienne. Un pendule de Foucault est également suspendu dans cette salle. Les autres étages abritent des expositions sur les techniques ultérieures jusqu'à nos jours.

MAGDEBURG - KAISER-OTTO-FEST - jedes Jahr am 1. Wochenende im September

WASSERKREUZ MAGDEBURG mit Trogbrücke über die Elbe / Water Bridge Magdeburg / Canal du Mittelland - Elbe, pont-canal sur l'Elbe

Das Wasserstraßenkreuz ist eine der neuesten Sehenswürdigkeiten Magdeburgs, auch wenn es vor den Toren der Stadt liegt. Anknüpfend an Planungen aus den 1930er Jahren, die aber nicht verwirklicht werden konnten, entstand hier ein Komplex aus der Sparschleuse Rothensee, der Doppelsparschleuse Hohenwarthe und der Trogbrücke über die Elbe. Auf dieser mit 918 Metern längsten Trogbrücke Europas können Schiffe nun bequem vom Mittellandkanal hoch über der Elbe in den Elbe-Havel-Kanal gelangen, ohne dafür lange Schleusengänge in Kauf nehmen zu müssen.

This aqueduct is one of the latest visitor attractions in Magdeburg, though it is situated outside the city. The project was first planned in the 1930s, but could not be realised. Now a whole complex is in place, consisting of the two water-saving locks of Rothensee and Hohenwarthe and a water bridge spanning the Elbe. The bridge is 918 metres long and the longest aqueduct in Europe. Ships now progress directly from the Mittelland canal to the Elbe-Havel Canal without having to undergo the time-consuming route through a lock.

Le carrefour fluvial est une des curiosités les plus récentes et les plus visitées de Magdebourg, bien qu'il se trouve en dehors de la ville. Suivant des plans des années 1930, mais irréalisables à l'époque, a été construit ici un complexe comprenant les écluses de Rothensee et Hohenwarthe qui égalisent la différence de niveau d'eau, et le pont-canal sur l'Elbe. Sur ce pont-canal long de 918 mètres, qui en fait le plus long d'Europe, les bateaux peuvent désormais passer sans encombre du canal Mittelland, en amont de l'Elbe au canal Elbe-Havel.

Kreisstadt BURG

Die Kreisstadt BURG für den Landkreis „Jerichower Land" hatte ihre Entstehung schon im Mittelalter, wovon heute noch als Zeuge der alten Stadtbefestigung, der aus dem 14. Jhr. stammende, denkmalgeschützte „Berliner Turm" (im Bild unten links) besichtigt werden kann. Außerdem konnte sich BURG schon frühzeitig als „Rolandsstadt" bezeichnen. Im Mittelalter wurden Rolande als Zeichen bürgerlicher Freiheit aufgestellt. Damit einher gingen das Marktrecht und eigene Gerichtsbarkeit und damit die Freiheit.

BURG

BURG, the capital of the Jerichower Land district, dates from the Middle Ages. The 14th-century "Berliner Turm", a protected monument (pictured bottom left), stands as a witness of the town's old fortifications. BURG was also known as a "Roland town" in its early history. Roland statues were erected in the Middle Ages as a symbol of civic freedom. This went hand-in-hand with market rights and jurisdiction.

BURG

La ville de BURG dans le Landkreis « Jerichower Land » s'est formée au Moyen-âge. Il est encore possible aujourd'hui de visiter ses fortifications qui remontent au XIVe siècle : la « Berliner Turm » classée monument historique (sur la photo en bas à gauche). BURG a donc fait partie très tôt des « Rolandsstadt » (ville avec statue de Roland). Ces statues ont été érigées au Moyen-âge en signe de libertés citoyennes. Il s'agit du droit d'organiser les marchés, de la propre juridiction et ainsi de la liberté.

Durch die idyllische Altmark

Klosterstadt JERICHOW an der Elbe / on the Elbe / sur l'Elbe

Die Klosterstadt Jerichow ist eindeutig durch das Kloster geprägt und entwickelte sich erst Anfang des 18. Jh als Handwerkerstadt. Die Stiftskirche Jerichow ist der architektonische Höhepunkt unter den ältesten Backsteinbauten im Elbhavelland. Die romanische Basilika wurde in der 2. Hälfte des 12. Jh fertiggestellt und der Prämonstratenser-Orden hatte ca. 400 Jahre hier sein Domizil. Im Zuge der lutherischen Reformation endete das Klosterleben und für die Verwaltung wurde 2004 eine private gemeinnützige Stiftung gegründet. Sehenswert ist auch die romantische Stadtkirche von Jerichow

The monastery dominates the town, which only began to develop as a centre for crafts at the start of the 18th century. Jerichow's monastery is the architectural highlight of the oldest brick buildings in the Elb-Havel area. The Romanesque basilica was completed in the 2nd half of the 12th century, and the Premonstratensian Order used the church for approximately 400 years. Monastic life came to an end during the Lutheran Reformation, and the complex was then used commercially for agricultural purposes. The romantic town church of Jerichow is also worth seeing.

La ville abbatiale de Jerichow, marquée bien sûr par le monastère, s'est développée au début du XVIIIe siècle en tant que ville artisanale. L'abbatiale de Jerichow est le joyau architectural des plus vielles constructions en brique du Elbhavelland. Pendant 400 ans, l'ordre des Prémontrés élira domicile dans la basilique romaine, terminée durant la 2e moitié du XIIe siècle. Durant la Réforme luthérienne, la vie du monastère a été abolie et le complexe monastique a été utilisé à des fins économiques pour l'agriculture. L'église romantique de Jerichow vaut également le détour.

△ Luftbild von der Klosteranlage   ▽ Die romanische Basilika des Klosters   △ Klostergarten mit Blick zum romanischen Kloster   ▽ Klosterinnenhof

Der Umzug startet vom Kloster mit den mittelalterlichen Gruppen

KLOSTERGARTENFEST JERICHOW

Jedes Jahr veranstaltet die private Stiftung Kloster Jerichow am 2. Wochenende im Juli an zwei Tagen das KLOSTERGARTENFEST im mittelalterlichen Stil, da traditionell der Klostergarten im Sinne einer kleinen Gartenschau aufwendig gepflegt wurde. Die Festlichkeit wurde zunächst ab 2002 im kleinen Rahmen ins Leben gerufen. Da das Fest im mittelalterlichen Stil stattfindet, waren natürlich mittelalterliche Trachten- und Rittervereine, Musikgruppen und Marktleute zur Bereicherung des Festes willkommen. Sie kamen in so großer Anzahl, was dann viele Besucher angezogen hat.

JERICHOW MONASTERY GARDEN FESTIVAL

JERICHOW holds the two-day, mediaeval-style MONASTERY GARDEN FESTIVAL every year on the 2nd weekend in July, as the monastery garden would traditionally have been extensively cultivated as a small show garden. The festival started with humble beginnings back in 2002. Because it is a mediaeval festival, the town naturally invited mediaeval costume and riding societies, music groups and market vendors to add colour to the event. They came in large numbers, which attracted a great many visitors

KLOSTERGARTENFEST JERICHOW

Chaque année, la ville de JERICHOW organise durant le 2e weekend de juillet, la fête médiévale KLOSTERGARTENFEST dans le jardin du monastère, entretenu au sens d'une charmante petite exposition florale. Les festivités ont tout d'abord été lancées en 2002 dans un cadre restreint. Mais comme la fête a aussi accueilli des costumes médiévaux, des clubs d'équitation, des groupes de musique et des marchands — le tout dans un style médiéval — elle s'est développée pour attirer encore plus de visiteurs.

Mittelalterlicher Gruppentanz zu mittelalterlicher Musik ▽   KLOSTERGARTENFEST JERICHOW   △ Ritteraufstellung zum Schaukampf ▽

△ Restaurierte Holländer Windmühle ▽ Gärtnerei mit Blumenaustellung

Stadtblickpunkte in JERICHOW

Die Stadt Jerichow hatte noch in der Mitte des 19. Jh 7 Holländer Windmühlen in Betrieb, die in der Regel 3 Mahlgänge pro Tag machten. Die letzte Windmühle wurde seit dem Jahr 2000 im ursprünglichen Zustand – als Windmühle mit neuen Flügeln im alten Baustil und ohne zusätzl. Motorantrieb durch einen örtlichen Förderverein restauriert und inmitten des Stadtgebietes aufgestellt. Gelegentlich gibt es Vorführungen. Seitdem gehört sie zu einem Ensemble verschiedener Mühlentypen im Jerichower Land und wurde in die Kreisdenkmalliste aufgenommen.

JERICHOW , Windmill

As recently as the mid-19th century, Jerichow still had 7 Dutch windmills in operation, usually achieving 3 grinding cycles a day. The last windmill was restored to its original state in 2000 by a local association – with new sails in the old style and with no additional motorisation – and was positioned in the heart of the town. Demonstrations are held occasionally. The mill is part of a group of different mill types in Jerichower Land and is now a listed monument.

JERICHOW , Moulin à vent

Au milieu du XIXe siècle, la ville de Jerichow avait encore 7 moulins à vent hollandais en service, qui opéraient en général 3 broyages par jours. En 2002, le dernier moulin à vent a été restauré dans son état d'origine par une association locale : un moulin à vent avec de nouvelles ailes dans un style ancien et sans commande motorisée. Il a été placé au milieu de la zone urbaine. Des représentations ont lieu à l'occasion. Depuis, il fait partie d'un ensemble de moulins de la région de Jerichow et se trouve sur la liste des monuments classés de la région.

Hansestadt TANGERMÜNDE an der Elbe / on the Elbe / sur l'Elbe

Die gut erhaltene historische Altstadt von Tangermünde birgt viele schöne Sehenswürdigkeiten, gemütliche Gaststuben und ein vielfältiges kulturelles Angebot. Enge Gassen, Türme, Tore und Fachwerkhäuser bilden ein Ensemble mit einer 1000-jährigen Geschichte. Östlich von Tangermünde breitet sich die eingedeichte Elbniederung aus, ein Paradies für Störche und Wasservögel. Von hier aus verläuft das Elbauengebiet über lange Strecken entlang der Elbe und eignet sich für Wanderungen in einer intakten Natur mit seltenen Wasservögeln.

East of Tangermünde, behind the dike, is the lowland area of the Elbe, a paradise for storks and waterfowl. The watermeadow country extends along the Elbe for a long way, an ideal place to go walking amidst unspoilt nature and rare waterbirds. The well-preserved historic city centre of Tangermünde has many beautiful sights, cosy restaurants and diverse cultural offerings. Narrow alleys, towers, gates and half-timbered houses embody 1000 years of history.

À l'est de Tangermünde s'étend le bassin endigué de l'Elbe, un paradis pour les cigognes et les oiseaux d'eau. Les rives verdoyantes de l'Elbe invitent à de longues promenades dans une nature intacte abritant des espèces rares d'oiseaux aquatiques. Très bien conservé, le quartier historique (Altstadt) de Tangermünde offre de nombreux édifices intéressants, des auberges conviviales et toute une palette de manifestations culturelles. Ruelles étroites, tours, portes et maisons à pans de bois constituent un ensemble racontant plus de 1000 ans d'histoire.

TANGERMÜNDE, Neustädter Tor

Karl IV. ließ sich 1373 neben seiner Prager Residenz auch eine repräsentative Burg in Tangermünde einrichten, um bessere Beziehungen mit der mächtigen Hanse und ihrem Mittelpunkt in Lübeck aufzubauen. Später lebten dort die ersten Hohenzollern als Landesherren der Mark Brandenburg. – 1185 war die auf Seite 91 gezeigte Stephanskirche (mit dem höchsten Kirchturm der Altmark) als Kathedrale für ein selbstständiges Bistum im Gespräch. Der junge Otto von Bismarck (geb. 1815) war in Tangermünde im 19. Jahrhundert Deichhauptmann.

TANGERMÜNDE, Neustädter Tor

In 1373 Charles IV began to built an impressive castle in Tangermünde. It should be used in addition to his Prague residence so that he could develop better relations with the powerful Hanseatic League, with its centre in Lübeck. Later the castle was inhabited by the first Hohenzollerns as lords of the Brandenburg March. – Around 1185 the church of St Stephen in the photo (with the tallest tower in the Altmark) was considered as the cathedral of an autonomous diocese. The young Otto von Bismarck (born 1815) was dike reeve in Tangermünde in the 19th century.

TANGERMÜNDE, Neustädter Tor

À partir de 1373, Charles IV fit construire, en plus de sa résidence de Prague, un château représentatif à Tangermünde, pour améliorer ses rapports avec la puissante Hanse, dont le centre était Lübeck. Plus tard, les premiers Hohenzollern y vécurent comme souverains de la Marche de Brandebourg. – Vers 1185, on envisagea de faire de l'église Saint-Stéphane (possédant la plus haute tour de l'Altmark) la cathédrale d'un évêché indépendant. Le jeune Otto de Bismarck (né en 1815) fut au XIXe siècle commandant de la digue à Tangermünde.

Hansestadt TANGERMÜNDE / Altmark an der Elbe, Stadtblick mit der St. Stephanskirche

Tangermünde ist durch die gut erhaltene Altstadt mit vielen Fachwerk- und Backsteinbauten, sowie durch die recht vollständig erhaltene Burg Tnagermünde und die Stadtbefestigung in Backsteinbauweise bekannt. Die Stadt liegt südöstl. von Stendal in der Altmark auf einer Hochfläche. Sie liegt am linken Ufer der Elbe direkt an der Mündung des Tangers, woher auch der Stadtname stammt. Der hist. Stadtkern, die Stephanskirche und die Burg sind durch die Hochlagen vor Hochwasser sicher.

Tangermünde is known for its well-preserved old town with many half-timbered and brick buildings, as well as the almost fully preserved Tangermünde Castle and brick fortifications. The town lies on a plateau to the south-east of Stendal in Altmark. It sits on the left bank of the Elbe at the mouth of the Tanger, which is also where it gets its name. The historic centre, Stephanskirche church and castle are protected from floods by high ground.

Tangermünde est connu pour son centre ville historique bien conservé, ses nombreuses constructions en briques, ses maisons à colombages, son château fort intégralement gardé et ses fortifications. La ville se situe au SE de Stendal, sur les hauteurs de l'Altmark. Elle repose sur la rive gauche de l'Elbe, directement à l'embouchure du Tanger, d'où le nom de la ville. Situés en hauteur, l'église St Étienne et le château fort sont protégés des inondations.

TANGERMÜNDE, histor. Rathaus

Das histor. Rathaus Tangermünde ist im Mittelalter entstanden. Es wird zu den schönsten spätmittelalterlichen Bauwerken der Profanbaukunst in Norddeutschland gezählt. Bemerkenswert ist die 24 m hohe, aus Backstein gemauerte, Schauwand. Hinter ihr befindet sich der prächtige Rathausfestsaal.

Das Uenglinger Tor ist eines der noch erhaltenen Stadttore Stendals, wurde 1460 fertiggestellt und gilt als eines der schönsten Stadttore im norddeutschen Raum.

historic Town Hall

The historic Town Hall was built in the Middle Ages. It is one of Northern Germany's most beautiful secular buildings of the late mediaeval period. Its magnificent ceremonial hall sits behind the exceptional, 24-m-high brick show wall.

The Uenglinger Tor, one of Stendal's remaining city gates, was completed in 1460 and is one of the finest in Northern Germany.

hôtel de ville historique

La mairie historique de Tangermünde date du Moyen-âge. Elle fait partie des plus belles constructions de l'art profane nord-allemand de la fin du Moyen-âge. La façade en brique de 24 m de haut, est tout à fait remarquable. Derrière se trouve la prestigieuse salle des fêtes.

La porte Uenglinger, aujourd'hui conservée à Stendal, a été achevée en 1460 et représente l'une des plus belles portes de la région nord-allemande.

STENDAL Uenglinger Tor ▷

Hansestadt STENDAL in der Altmark, mit dem Dom (unten links)

Die Hansestadt Stendal ist Kreisstadt, sowie Verkehrsknotenpunkt in der Altmark. Die über 800 Jahre alte Stadt lädt mit beeindruckenden geschichtlichen Zeugnissen zu einer aufregenden Entdeckungsreise ein, z.B. zum typischen Marktplatz mit dem Roland-Denkmal. Ein besonders wertvolles Kleinod befindet sich im Ratssaal. Die älteste profane Schnitzwand von 1462 mit reichem Figurenschmuck. Der große Festsaal besitzt Glasmalereifenster, auf dem die wichtigsten Ereignisse aus der Geschichte Stendals zu sehen sind.

The Hanseatic City of Stendal is a district capital and transport hub in Altmark. The city dates back more than 800 years and offers a wealth of impressive historical sights, e.g. the typical marketplace with Roland statue. The Town hall holds a special treasure: ornate carved panelling from 1462, which is Germany's oldest secular example. The large ceremonial hall's stained glass windows depict the most important events of Stendal's history.

La ville hanséatique de Stendal est à la fois le chef-lieu et le carrefour de l'Altmark. La ville de plus de 800 ans vous invite à faire un voyage passionnant à travers l'histoire du pays, en commençant par ex. par la remarquable place du marché et la statue de Roland. Un trésor particulièrement précieux se trouve dans la salle de la mairie : la plus vieille paroi profane luxueusement ornée, datant de 1462. La grande salle des fêtes possède un vitrail représentant les événements les plus importants de l'histoire de Stendal.

Hansestadt STENDAL, Rathaus mit St. Marien und daneben das Roland-Denkmal

Am Markt befindet sich das Rathaus mit weißer Fassade, worin der Ratssaal und der „Bunte Saal" absolute Sehenswürdigkeiten sind. Hinter dem Rathaus steht die zweitürmige Kirche St. Marien, die sog. „Ratskirche", die durch ihre imposante Größe mit dem Dom in Stendal zu konkurrieren scheint. Rechts neben dem Rathaus steht das stolze Roland-Denkmal von 1525. In dem Backsteinhaus dahinter befindet sich in den Räumen des ehem. Ratskellers das Café „Kaffeekult-Rösterei" mit eigener Schokoladen-Manufaktur.

The Town Hall with its white façade stands on the market square. Its "Ratsaal" and "Bunte Saal" chambers are worth seeing. Behind this stands the twin-towered church of St. Marien, which seems to stand in competition with Stendal's cathedral due to its imposing size. The Roland statue dating from 1525 stands to the right of the Town Hall. The former council cellar of the brick house behind is home to the "Kaffeekult-Rösterei" café, which makes its own chocolates.

La mairie et sa façade blanche, renfermant la salle des fêtes et la « salle colorée », sont absolument séduisantes sur la place du marché. Derrière la mairie se trouve l'Église Ste Marie, appelée « Ratskirche », qui par sa taille imposante et ses deux clochers, semble vouloir concurrencer le dom. À droite de la mairie se trouve la noble statue de Roland, datant de 1525. L'édifice en brique situé derrière, accueille, dans l'ancienne cave de la mairie, le café appelé « Kaffeekult-Rösterei » doté de sa propre chocolaterie.

Hansestadt HAVELBERG an der Havel / Havelberg on the Havel / Havelberg sur la Havel

Auf dem Havelberger „Bischofsberg" über der Havel stand ein slawisches Heiligtum, auf dessen Trümmern Missionare eine erste Kirche erbauten. 948 war sie Mittelpunkt eines Bistums. Nach dem Slawenaufstand wurde der Bischofssitz wieder zurückerobert. Der steinerne Dom St. Marien und ein Kloster entstanden im 12. Jahrhundert. Die Fischerei und der Schiffsbau entwickelten sich als wichtigster Wirtschaftszweig und trugen zum Wohlstand der Havelberger bei. Die gute Akustik des Domes weiß man noch heute bei zahlreichen Konzerten zu schätzen.

On the Bischofsberg above the Havel, there once stood a Slav shrine. On its ruins, missionaries built the first church, which by 948 had become the seat of a bishopric. The diocese was recaptured after the Slav revolt of 983. The stone cathedral of St Mary and a monastery were erected in the 12th century. Fishing and ship-building developed into the most important branches of trade, contributing to the wealth of the people of Havelberg. Today you can appreciate the cathedral's fine acoustics by attending one of the many concerts that take place there.

Sur la « montagne de l'évêque » qui domine la Havel, se dressait jadis un lieu sacré slave sur les vestiges duquel des missionnaires bâtirent une première église. En 948, elle était le centre d'un évêché, qui fut ensuite reconquis après une rebellion slave. La cathédrale Notre-Dame et un cloître furent construits en pierre au XIIe siècle. La pêche et la construction navale devinrent les branches économiqes les plus importantes de Havelberg et apportèrent la prospérité à ses habitants. La cathédrale a une acoustique remarquable, que l'on apprécie encore aujourd'hui durant les nombreux concerts.

Hansestadt HAVELBERG, Havelberger Dom St. Marien / St Mary's Cathedral in Havelberg / Cathédrale Notre-Dame

Einst als dreischiffige romanische Pfeilerbasilika erbaut, wurde der Havelberger Dom nach dem Brand von 1279 mit gotischer Inneneinrichtung neu errichtet. Triumphkreuzgruppe, Ornamentfenster, Sandsteinleuchter und das Chorgestühl aus Eichenholz stammen aus der Zeit um 1300, Chorschranke und Buntglasfenster von 1400, sowie den Orgelprospekt, die Kanzel und den Hochaltar aus der Zeit um 1700. Nach der Reformation 1561 wurde der Dom evangelisch. Für die katholische Gemeinde richtete man im Westflügel des Klosters die St.-Norbert-Kapelle ein.

Once built as a three-nave Romanesque pillar basilica, the Havelberg Cathedral was reconstructed with a Gothic interior after a fire in 1279. The crucifixion group, ornamental windows, sandstone candleholders and the choir stalls made of oak are from the time around 1300, the rood screen and stained-glass windows date back to around 1400, and the organ case, pulpit and high altar are from the time around 1700. In 1561, the cathedral became Evangelical as a result of the Reformation. For the Catholic parishioners, St Norbert Chapel was set up in the west wing of the monastery.

D'abord construite comme basilique romane à trois nefs, la cathédrale de Havelberg fut transformée après un incendie en 1279. Elle reçut alors un intérieur gothique ; les fenêtres ornées, les stalles et les lampes en grès datent d'environ 1300. Les vitraux et la grille du chœur en chêne furent installés en 1400. Les orgues, la chaire et le maître-autel furent construits vers 1700. Après la Réforme en 1561, la cathédrale fut consacrée au culte protestant. La chapelle Saint-Norbert dans l'aile ouest du cloître fut érigée pour la communauté catholique.

Hansestadt WERBEN Johanniskirche

Die Lage Werbens war von jeher strategisch günstig. Das führte die Stadt zu Wohlstand, aber auch dazu, dass sie vielfach umkämpft wurde. Am Elbufer gab 1160 Markgraf „Albrecht der Bär" dem Johanniterorden aus Jerusalem Raum für die erste norddeutsche Niederlassung. In der mächtigen St. Johanniskirche kann man auch einen prächtigen niedersächsischen Schnitzaltar (um 1430) mit der Marienkrönung bewundern. Heute ist Werben mit ca. 800 Einwohnern die kleinste Hansestadt.

Hansestadt WERBEN Church St John

Werben's location has always been strategically advantageous. This led to the town's prosperity but also to multiple battles over the town. In 1160 Margrave Albrecht The Bear gave land on the banks of the Elbe (not far from the former mouth of the Havel) to the Order of the Knights of St John from Jerusalem for their first settlement in Northern Germany. In the fine Church of St John there is a magnificent carved altar from Lower Saxony (ca. 1430), depicting the coronation of Mary. Today, Werben has a population of approximately 800 and is thus the smallest Hanseatic town.

WERBEN Église Saint-Jean

Grâce à sa situation stratégique, Werben devint très tôt prospère, mais subit aussi de nombreux conflits armés. Sur une rive de l'Elbe (non loin de l'ancien estuaire de la Havel), le margrave Albert Ier l'Ours fit don en 1160 à l'ordre des Hospitaliers de Saint-Jean-de Jérusalem d'un terrain pour leur première communauté en Allemagne du nord. Dans la magnifique église Saint-Jean, on peut de plus admirer un splendide autel de la Basse-Saxe sculpté comportant le couronnement de la Vierge (datant d'environ 1430). Aujourd'hui, Werben, comptant quelque 800 habitants, est la plus petite des anciennes villes hanséatiques.

◁ WERBEN, Elbtor / Gate / Porte

ARENDSEE / ALTMARK

Im Norden der Altmark liegt der beliebte Urlaubsort Arendsee am gleichnamigen Gewässer. Der See (ca. 50 Meter tief) entstand nach 800 durch ein Erdbeben als Einsturztrichter. Die romanische Klosterkirche stiftete der askanische Markgraf Otto I. 1184. — Die Salzstraße zwischen Lüneburg und Magdeburg überquerte die Niederung der Jeetze beim heutigen Salzwedel, welches erst 1713 aus den selbstständigen Ansiedlungen Alt- und Neustadt entstand. Der schiefe Turm der St. Marienkirche wurde wohl absichtlich gegen den Wind gebaut. Die Kirche ist das älteste Gebäude der Stadt.

The popular holiday resort of Arendsee is situated on the lake of the same name in the northern Altmark region. The lake (about 50 metres deep) was created by an earthquake some time after the year 800. The Romanesque monastery church was founded by the Askan Margrave Otto in 1184. — The old salt road from Lüneburg to Magdeburg crossed the Jeetze valley near Salzwedel today, although the town in fact did not come into being till 1713, when separate settlements combined to form the Old and New Town. The leaning tower of St Mary's Church probably was intentionally built slanting into the wind.

Hansestadt SALZWEDEL / ALTMARK, St. Marienkirche

Au nord de l'Altmark se trouve Arendsee, une destination de vacances appréciée, au bord du lac du même nom. Le lac (d'une profondeur d'environ 50 mètres) se forma à partir de 800 dans un cratère dû à un tremblement de terre. L'église du couvent de style roman fut fondée en 1184 par le margrave ascanien Othon. – La route du sel entre Lüneburg et Magdebourg traversait la vallée de la Jeetze à Salzwedel, née de la réunion de deux localités en 1713. L'église est le plus ancien édifice de la ville. Sa tour a été construite penchée pour lutter contre le vent.

Historische Kostüme zum internationalen Hansetag

DIESDORF, Freilichtmuseum

Zeugnisse zur Volkskunde altmärkischer Bauern sammelte seit Anfang des 20. Jahrhunderts der Diesdorfer Landarzt Dr. Georg Schulze. Bald ließ er auch Gebäude umsetzen. Heute stehen im Freilichtmuseum Bockwindmühle, Schmiede und Gehöfte unweit eines modernen Erlebnisfreibades.

The Diesdorf doctor Georg Schulze began collecting folkloristic artefacts of the local farming population at the beginning of the 20th century. Soon he started moving buildings, too. The open-air museum now houses a windmill, a smithy and farmsteads. Close by is a modern fun pool.

Le médecin de Diesdorf Georg Schulze collectionna depuis le début du XXe siècle des témoignages de l'art populaire des paysans de l'Ancienne Marche. Rapidement, il fit aussi transférer des bâtiments. Aujourd'hui, dans un village reconstitué, sont exposés des moulins à vent, des forges, des fermes, non loin d'un parc aquatique moderne.

Feldsteinkirche in Siedengrieben

Hunderte altmärkischer Dorfkirchen sind wie hier in Siedengrieben aus Findlingen erbaut, wobei die Sage überliefert: die großen Steine hätten die Frauen, alle kleinen Steine die Männer herangeschleppt.

The church in Siedengrieben, like hundreds of village churches in the Altmark, is built of erratics. Legend says that women carried all the big stones, men the small ones.

Des centaines d'églises de village de l'Ancienne Marche sont construites comme celle de Siedengrieben en roches erratiques et une légende rapporte que les femmes ont apporté les grosses pierres, les hommes toutes les petites.

Jagdschloss HIRSCHBERG in Letzlingen/Altmark / Hunting Castle Hirschberg, / Pavillon de chasse Hirschberg

Das malerisch gelegene Jagdschloss, welches sinnbildlich auch Hirschburg genannt wurde, verdankt seine Existenz der Jagdleidenschaft von Kurfürst Johann Georg von Brandenburg, der es zwischen 1559 und 1562 erbauen ließ. Zwischen 1843 und 1912 fanden in Letzlingen Hofjagden statt und waren bedeutende, gesellschaftliche Ereignisse. Zum letzten noch erhaltenen Hohenzollern-Schloss in Sachsen-Anhalt gehören, neben dem Hotel die Schlosskirche, das Standesamt sowie das Restaurant Kaiserhof.

The picturesquely situated hunting lodge owes its existence to the hunting passion of John George, Elector of Brandenburg, who had it built between 1559 and 1562. Letzlingen played host to court hunting trips between 1843 and 1912, which were significant social events. In addition to the hotel, the church, registry office and "Kaiserhof" restaurant are all part of the last remaining Hohenzollern palace in Saxony-Anhalt.

Le pittoresque pavillon de chasse, nommé également « château fort des cerfs » doit son existence à la passion pour la chasse de l'électeur Jean II Georges de Brandebourg qui l'a fait construire entre 1559 et 1562. Entre 1843 et 1912, les parties de chasse de la cour étaient à Letzlingen des événements prestigieux. Le dernier château de Hohenzollern, situé en Saxe-Anhalt et encore conservé, comprend l'hôtel, l'église du château, le bureau d'état civil et le restaurant Kaiserhof.

Hansestadt GARDELEGEN in der Altmark / Hanseatic City of GARDELEGEN in Altmark / Hansestadt GARDELEGEN à Altmark

In der Lehensbeauftragung brandenburg. Güter an das Erzbistum Magdeburg (dam. Obrigkeit) wird auch Gardelegen 1196 als Burg und Flecken erwähnt. 1314 wurde das Bier-Braurecht verliehen und bis 2013 das Garleybier gebraut. „Garley" ist damit der weltweit älteste, bis heute genutzte, Markenname. 1316 bekam die Stadt das „Schulzenamt" und damit „Hohe Gerichtsbarkeit". 1553 war der Bau der Stadtbefestigung mit 3 Toren abgeschlossen. Unter dem Motto „Auf allen Wegen -ab nach Gardelegen" wurde im Juni 2011 der Anhalt-Tag gefeiert.

Gardelegen is also mentioned in 1196 in records of goods passing from Brandenburg to the Archbishopric of Magdeburg (authority at the time). Brewing rights were granted in 1314 with "Garley" beer made here until 2013. This makes "Garley" the world's oldest brand name still in use. In 1316 the town got a "Schultheiß" feudal official, who was able to dispense high justice. The town's fortifications with 3 gates were completed in 1553. Anhalt Day was celebrated in June 2011 with the slogan "All roads lead to Gardelegen".

Dans la demande de fief du bien brandebourgeois à l'archevêché de Magdebourg (anc. autorité), Gardelegen est également mentionné en 1196 en tant que château fort. En 1314, le droit de brassage de la bière est accordé et la bière Garley y est produite jusqu'en 2013. « Garley » est ainsi le plus vieux nom de marque du monde, utilisé jusqu'à aujourd'hui. En 1316, la ville reçoit le « bureau du maire » et ainsi la « haute juridiction ». En 1553, la construction des fortifications avec 3 portes est achevée. En 2011, la journée Anhalt est célébrée sous la devise « Sur toutes les routes - départ et vers Gardelegen ».

FLECHTINGEN, Wasserburg / Moated castle / Château à douves

Flechtingen liegt auf dem 60 Millionen Jahre alten Flechtinger Höhenzug. Im Laufe der Jahrtausende haben sich die steilen Berge in sanfte, bewaldete Hügel verwandelt. Vielfach wurde das hier zu Tage tretende harte Quarzpophyr- und Grauwackengestein zum Bau der Häuser verwendet, wodurch auch das Ortsbild geprägt ist. In diesem Luftkurort steht die Erholung an erster Stelle: bei Spaziergängen zum Wasserburg, wo der Schlosssee zum Baden einlädt, oder beim Wandern in diesem Gebiet, in dem sich die Flüsschen und Teiche wie ein blaues Band durch die Landschaft ziehen.

Flechtingen is located on a 60-million-year-old ridge. During the course of time, the steep mountains have slowly been transformed into gently undulating wooded hills. The locally quarried stone was used for building purposes, giving the townscape its very special character. The deposits are the northernmost in Germany. Flechtingen is a resort where relaxation is on top of the agenda: walks to the moated castle, where the lake is a real invitation for a swim, or out into the surrounding countryside, where the little rivers and pools trace their way through the scenery like a blue ribbon.

Flechtingen est située sur un massif vieux de 60 millions d'années. Au cours des millénaires, les monts abrupts se sont transformés en collines boisées. La physionomie de la ville est notamment marquée par les nombreuses maisons construites en porphyre, quartz et feldspath extraits dans la région. Ce sont les gisements de minéraux durs les plus au nord de l'Allemagne. La station climatique de Flechtingen est un lieu de repos et de promenades, par exemple jusqu'au lac du château qui invite à la baignade.

HALDENSLEBEN △ Mittellandkanal ▽ Rahaus am Marktplatz △ Stendaler Tor ▽ Rolandsdenkmal zu Pferd

Unter Napoleon wurde zum Teil das Gebiet des Herzogtums Magdeburg mit Haldensleben dem Königreich Westphalen zugeordnet. 1810 erfolgte die Aufhebung des Klosters. Die Gebäude wurden an Johann Gottlob Nathusius verkauft, der die Industrialisierung hier vorantrieb. Keramikindustrie und Landmaschinenbau wurden begründet und es entstand eine Fabrik, die Zucker aus Runkelrüben erzeugte. Das mittelalterl. Schloss Hundisburg mit großem Barockgarten kam 1452 in den Besitz der Familie Alvensleben und hat im Hauptgebäude ein Café und Restaurant.

Under Napoleon, some of the Duchy of Magdeburg, with Haldensleben, became part of the Kingdom of Westphalia. The Convent was shut down in 1810. The buildings were sold to Johann Gottlob Nathusius, who advanced industrialisation here. Industries were founded producing ceramics, agricultural machinery and sugar from beets. Mediaeval Hundisburg Castle with its large Baroque gardens passed to the Alvensleben family in 1452. The main building houses a café and a restaurant.

Sous Napoléon, le territoire du Duché de Magdebourg dont Haldensleben a été en partie affecté au Royaume de Westphalie. En 1810, le couvent ferme. Les bâtiments sont vendus à Johann Gottlob Nathusius qui a accéléré l'industrialisation. L'industrie céramique et la mécanisation agricole sont justifiées. Une fabrique qui produit du sucre à partir de betteraves, voit le jour. En 1452, le château médiéval de Hundisburg avec un grand jardin baroque devient la propriété de la famille Alvensleben. Le bâtiment principal comporte un café et un restaurant.

OSCHERSLEBEN an der Bode / on the Bode / sur la Bode

Bereits 1235 war Oschersleben an der Bode eine befestigte Stadt mit einer Burg. Während die Turmfront der ev. Nikolaikirche aus der Zeit um 1400 stammt, ist das Kirchenschiff ein Neubau von 1881. Neben ihr steht das barocke Rathaus von 1691. Mit der Entwicklung des Rüstungsbaus vor dem Zweiten Weltkrieg konnte sich die Stadt gut entwickeln. Aber dadurch war sie auch ein Ziel der alliierten Bomber und wurde weitgehend zerstört. Ein beliebter Anziehungspunkt für den Ort ist die Motorsport Arena Oschersleben mit einer permanenten Test- und Rennstrecke.

As early as 1235, Oschersleben on the Bode River was a fortified city with a castle. While the tower front of the Nicolai Church is from the time around 1400, the nave is more recent and was completed in 1881. Next to the church is the Baroque City Hall from 1691. With the introduction of the armaments industry before the Second World War, the city enjoyed an upswing in development. But this also made it a target for the Allied bombers and it was almost completely destroyed. The Motorsport Arena Oschersleben with its permanent test and racetracks is one attraction.

Dès 1235, Oschersleben sur la rivière Bode était une ville fortifiée protégée par un château. La façade de l'église Saint-Nicolas date du haut Moyen Âge, tandis que la nef actuelle a été construite en 1881. L'hôtel de ville avoisinant est un édifice de style baroque de 1691. L'industrie de l'armement a apporté une certaine prospérité à la ville avant la Seconde Guerre mondiale, mais lui aussi valu d'être la cible des bombardements alliés, qui l'ont presque entièrement détruite. Une attraction de la localité est le circuit de motos Oschersleben.

HAMERSLEBEN, Klosterkirche / Monastery Church / Église de monastère

Im Jahre 1111 wurde das Chorherrenstift Hamersleben errichtet, dessen romanische Basilika Höhepunkt dieser Kunstepoche ist. Aus Sandsteinquadern entstand eine eindrucksvolle kreuzförmige Säulenbasilika mit einem stimmungsvollen Klausur- und Kreuzgang. Bedeutungsvoll sind die Säulenkapitelle und der bemerkenswerte Motivreichtum in der Verarbeitung. Die Stiftskirche St. Pankratius (1140) gilt als besonderes Kleinod der romanischen Baukunst. Als erlesene Seltenheit gehört ein Altarziborium zur spätromanischen Ausstattung.

In the year 1111, the Hamersleben Covent of Cannons was erected, the Romanesque basilica of which is the highpoint of this artistic era. The imposing cruciform column basilica was constructed of sandstone blocks with an impressive conclave and cloister. The column capitals with their richness in motifs and workmanship are particularly noteworthy. The collegiate church St Pankratius (1140) is considered a special gem of Romanesque architecture. A rare altar ciborium is part of the late Romanesque decor.

Fondé en 1111, le monastère de Hamersleben comprenait une basilique qui représente superbement l'art roman de cette époque. Bâti en pierres de taille de grès, l'édifice impressionnant en forme de croix est doté d'une magnifique galerie à colonnes. La richesse des motifs et le travail finement ouvragé des chapiteaux sont remarquables. La collégiale Saint-Pankratius (1140) est un véritable joyau de l'architecture romane. Aménagée dans le style roman tardif, elle comprend parmi ses pièces rares un magnifique ciboire d'autel.

Romantischer Harz

HALBERSTADT / HARZ

In Halberstadt wurde das erste Bistum auf dem Boden des heutigen Sachsen-Anhalts bereits in karolingischer Zeit gegründet. Einzigartig ist der frühgotische Dom St. Stephanus (1239-1491); er birgt einen weltberühmten Domschatz mit Reliquien und liturgischen Gewändern. Die Bischöfe residierten in Halberstadt über 800 Jahre. Das brachte der Stadt Ansehen und Wohlstand. Dies spürt man noch heute überall, die vielen Sakralbauten und Bürgerhäuser zeugen davon. Die Turmhelme wurden erst vor rund hundert Jahren dem Dom aufgesetzt.

HALBERSTADT/HARZ

Halberstadt is the site of the first bish-opric on the territory of present-day Saxony-Anhalt, founded in Carolingian times. The early-Gothic cathedral is unique and saves the world-famous cathedral treasure with reliquaries, liturgical garments. The bishops resided in Halberstadt for more than 800 years. This brought prestige and prosperity to the town. Numerous sacred buildings and town houses attest to that, and this prestige and prosperity can still be sensed everywhere today. The Helmets of the church were added only about one hundred years ago.

HALBERSTADT/HARZ

À Halberstadt fut créé dès l'époque carolingienne le premier évêché sur le sol de l'actuelle Saxe-Anhalt. La cathédrale gothique, ainsi que le trésor de la cathédrale de renommée internationale avec des reliques, des habits liturgiques, est unique. Les flèches des tours ne datent que d'environ 100 ans. Les évêques résidèrent à Halberstadt pendant plus de 800 ans, ce qui apporta à la ville prestige et prospérité ainsi qu'en témoignent les nombreuses églises et maisons patriciennes.

HALBERSTADT / HARZ

Im Norden der Stadt befindet sich der Höhenzug Huy und im Süden die Spiegelsberge, Thekenberge und die Klusberge. Halberstadt ist mit rund 43.000 EW die größte Stadt des Landkreises Harz. Der Dom ist einer der wenigen großen Kirchenbauten des franz. Kathedralschemas in Deutschland. Die Kirche wurde im frühen Mittelalter erbaut und erstmals 1186 urkundlich erwähnt. Die Türme wurden wahrscheinlich mit Absicht unterschiedlich hoch gebaut, um dem Wächter im höheren Turm einen Blick in alle Richtungen zu verschaffen.

HALBERSTADT/HARZ

The town is flanked by hills, the Huy to the north, and the Spiegelsberge, Thekenberge and Klusberge to the south. Home to some 43,000 people, Halberstadt is the largest town in the Harz district. The cathedral is one of Germany's few large churches inspired by French Gothic. The church was built in the early Middle Ages and is first documented in 1186. The towers were probably built at different heights deliberately, allowing the guard in the higher tower to see in all directions.

HALBERSTADT/HARZ

Au nord de la ville se trouvent la cordillère de Huy et au sud les monts Spiegelsberge, Thekenberge et Klusberge. Avec 43 000 hab., Halberstadt est la plus grande ville de l'arrondissement de Harz. Le dom est l'une des rares constructions d'église au schéma de cathédrale français en Allemagne. L'église du début du Moyen-âge, est mentionnée pour la première fois en 1186. Les tours ont probablement été construites à des hauteurs délibérément différentes pour permettre aux gardiens une vue dans toutes les directions.

△ Domplatz mit dem Dom ▽ Holzmarkt mit dem Holzmarktbrunnen und Rathaus

WERNIGERODE - am Fuße des Brockens mit dem Schloss / at the Foot of the Brocken with Castle / au pied du château

Wernigerode ist ein beliebter Ferienort, der am Fuße des Brockens liegt und durch die Höhe des Berges eine Sommer- und Wintersaison hat. Die Kernstadt liegt an der Nordostflanke des Harzes, ca. 12 km ostnordöstl. des Brockens und liegt auf etwa 257 m ü NHN. Durch Wernigerode führen die B 6 und die B 24 sowie die Oranier-Route. Zudem verläuft hier die Eisenbahnstrecke, die Halle und Hannover verbindet. Südwestl. liegt das Waldgebiet Landmann, nach dem auch die Landmannklippe (Wandern für Geübte) benannt ist.

Wernigerode is a popular destination at the foot of the Brocken with both a summer and winter season thanks to the mountain. The city lies on the north-east of the Harz, around 12 km east-north-east of the Brocken at 257 m above sea level. The B 6, B 24 and the Orange Route all pass through Wernigerode. Rail services connecting Halle and Hanover also run through here. To the south-west lies the Landmann forest area, also known as the Landmannklippe (for experienced hikers).

Wernigerode est un lieu de vacances apprécié, situé au pied du Brocken. Les hauteurs de la montagne permettent une saison été et une saison hiver. Le cœur de la ville se trouve sur le flanc NE du Harz, soit env. 12 km au NE du Brocken et env. 257 m au-dessous du niveau de la mer. Wernigerode est déservie par les autoroutes B6 et B24, ainsi que par la Oranier-Route. La ligne de chemin de fer et Hanovre y sont aussi reliés. Au SO se trouve le domaine forestier Landmann et sa falaise (randonnées pour les expérimentés).

WERNIGERODE / HARZ und das Brocken-Hochplateau / Wernigerode and the Brocken / Wernigerode et le Massif du Brocken

Wernigerode, die „bunte Stadt am Harz", besitzt ein außergewöhnlich schönes und historisches Rathaus, dessen Kern um 1420 entstand, während das Gebäude Ende des 15. Jahrhunderts größtenteils seine heutige Form erhielt. Wernigerode ist der Mittelpunkt des Tourismus im Nordharz. — Vom Bahnhof der Harz-Schmalspurbahn in der „bunten Stadt" fährt man nach Drei-Annen-Hohne (ansonsten nach Nordhausen) und von dort aus auf den Brocken (1141 m), den höchsten Berg Sachsen-Anhalts.

Wernigerode, the "colourful town in the Harz", has an exceptionally beautiful and historic town hall, whose core dates from 1420, while the present building dates mostly from the end of the 15th century. Wernigerode is the centre of tourism in the Northern Harz. — From the station of the "colourful town" the Harz-Narrow-lane-railroad takes you to Drei-Annen-Hohne (or Nordhausen), and from there up onto the Brocken (1141m), the highest mountain in Saxony-Anhalt.

Wernigerode, la « ville colorée du Harz », possède un bel hôtel de ville, dont le noyau date d'environ 1420, tandis que le bâtiment reçut son aspect actuel en grande partie au XVe siècle. Wernigerode est le centre touristique dans le Harz du nord. — De la gare du chemin de fer du Harz dans la « ville colorée », on se rend à Nordhausen et de là sur le Massif du Brocken (1141m), la plus haute montagne de la Saxe-Anhalt.

△ Wernigerode, historisches Rathaus

△ Schmalspurbahn im Brockengebiet   ▽ Hundeschlittenrennen am Brocken

▽ Brockengipfel im Winter

WERNIGERODE / HARZ, Stadt und Schloss / Town and castle / Ville et château

Das Schloss Wernigerode wurde als Neubau in historischen Formen erst 1881 fertig gestellt. Bauherr Fürst Otto zu Stolberg-Wernigerode war Staatsbeamter und Diplomat unter dem Reichskanzler Bismarck, weshalb auch die letzten deutschen Kaiser oft nach Wernigerode zu Hofjagden erschienen. Ursprünglich stand auf dem Berg die Burg der Grafen von Wernigerode. Nach einem Erbvertrag übernahmen dann die Grafen von Stolberg 1429 die Grafschaft, die allerdings bereits 1714 an Preußen kam. Im Schloss ist ein Museum.

Wernigerode Castle was built in historical style only in 1881. The owner of the building, Prince Otto von Stolberg-Wernigerode, was a civil servant and diplomat under Chancellor Bismarck, which explains why the last German emperors often took part in hunting arranged for the court in Wernigerode. The castle of the Counts of Wernigerode once stood on the hill. The Counts of Stolberg inherited the county in 1429. Later, in 1714, it became a part of Prussia. The castle houses a museum.

La restauration du château de Wernigerode fut achevée seulement en 1881. Le maître d'œuvre, le prince Otto de Stolberg-Wernigerode, était fonctionnaire et diplomate sous le chancelier Bismarck; pour cette raison les derniers empereurs allemands participaient souvent aux chasses à courre de Wernigerode. Sur le rocher se dressait à l'origine le château fort des comtes de Wernigerode. À la suite d'un testament, le comté fut légué aux comtes de Stolberg en 1429, mais revint à la Prusse en 1714. Le château abrite un musée.

QUEDLINBURG, Stiftskirche St. Servatius / Church of St Servatius / Église collégiale St-Servatius

Kern der berühmten Stiftskirche Quedlinburg war eine Kapelle der Pfalz auf dem Burgberg, in der 936 der erste deutsche König Heinrich I. sowie 968 seine Gemahlin Mathilde beigesetzt wurden. Die nachfolgende Äbtissin Mathilde ließ dann 997 einen monumentalen Neubau weihen. Das Stiftsgebiet wurde erster deutscher Kleinstaat, der oft erbitterte Kämpfe mit der Stadt austrug. Seine Schutzherren waren jahrhundertelang die sächsischen Wettiner, ehe sie das Gebiet 1697 heimlich an Kurbrandenburg verkauften.

The core of the famous collegiate church in Quedlinburg was a chapel belonging to a palace on the castle hill, where the first German king, Henry I, was buried. His wife Mathilde joined him in 968. Her successor, the abbess Mathilde, had a monumental new building consecrated in 997. The area belonging to the foundation became the first German miniature state, often involved in fierce battles with the town. Its patrons for many centuries were the Saxon Wettiner, until they secretly sold the area to the Electorate of Brandenburg in 1697.

Le cœur de la célèbre église collégiale de Quedlinburg était une chapelle du château impérial sur le Burgberg, dans laquelle le premier roi allemand, Henri Ier, fut enterré en 936. Son épouse Mathilde l'y rejoignit en 968. L'abbesse suivante Mathilde fit consacrer une nouvelle construction monumentale en 997. La région du couvent devint le premier petit État allemand et mena souvent des combats acharnés contre la ville. Ses protecteurs furent pendant des siècles les Wettin saxons, jusqu'à ce qu'ils vendent en secret la région à l'électorat de Brandebourg en 1697.

QUEDLINBURG, Kaiserfrühling

In Quedlinburg ist in jedem Winkel der historischen Altstadt die einstige Bedeutung des Ortes zu spüren. Vom 10. bis 12. Jahrhundert wurde an Ostern die Königspfalz von den ersten Königen, Kaisern und ihren Familien besucht. Das war für das Heilige Römische Reich deutscher Nationen von großer Bedeutung, heute lässt man diese Stadtgeschichte wieder eindrucksvoll und weitgehend authentisch aufleben. Auftakt zu diesem Fest, welches im Frühjahr (Ostern, Mai/Juni) stattfindet, ist der feierliche Einzug des Kaisers und der Könige mit Gefolge.

QUEDLINBURG, Emperor's Spring

The importance of Quedlinburg in former times can still be felt in every corner of the town's historic city centre. From the 10th to the 12th century, the first kings, emperors and their families visited the royal palace at Easter. Today, the story, which was of great importance for the Holy Roman Empire of German nations, is revived in an impressive and largely authentic manner. The festival is now held each May/June and starts with a festive entrance of the emperor and kings with their entourage.

QUEDLINBURG, Printemps impérial

Chaque coin du quartier historique (Altstadt) de Quedlinburg rappelle l'ancienne importance de la ville. Du Xe au XIIe siècle, la localité qui était une résidence palatine, reçut à Pâques la visite des premiers rois, empereurs et leurs familles, jouant ainsi un rôle majeur durant le Saint Empire romain-germanique. Quedlinburg évoque cette période faste lors d'une grande fête historique qui a aujourd'hui lieu en mai/juin et commence par un cortège célébrant l'entrée de l'empereur, des rois et de la cour dans la ville.

△ Einzug der hohen Herrschaften zum Reichstag

▽ Kaisertafel zum Hoftag Ottos I. mit den Edelleuten und großem Spektakel △

▽ Feuerzauber des Fakirkünstlers

STOLBERG / HARZ, mit dem Schloss der Fürsten

Ein Abbild der feudalen Ständeordnung ist bestens im Stadtbild des vielbesuchten Stolbergs zu entdecken: zunächst auf felsigem Berg das Schloss der Fürsten zu Stolberg-Stolberg (erstmals 1210 genannt), das vom 16. bis 19. Jahrhundert um- und neugebaut wurde, – darunter die spätgotische Martinikirche, noch weiter unten im Kreuzungspunkt von vier besiedelten Tälern das Rathaus am Markt. Reizvoll sind die malerischen Straßenzüge und Gassen, durchweg mit Fachwerkbauten aus dem 17. und 18. Jahrhundert.

The popular town of Stolberg is the very picture of a feudal estate system: At the top on the rocky hill stands the castle of the Prince of Stolberg-Stolberg (first recorded mention 1210), altered and rebuilt between the 16th and 19th centuries beneath it the late Gothic Martinikirche, then below that the town hall and market square at the intersection of four valley settlements. The picturesque streets and alleyways are lined throughout by attractive timbered buildings from the 17th and 18th centuries.

Stolberg, une ville qui reçoit beaucoup de visiteurs, reflète la division de la société féodale: tout d'abord sur le flanc de la montagne, le château des princes de Stolberg-Stolberg (mentionné pour la première fois en 1210), aménagé et reconstruit entre le XVIe et le XIXe siècle. Plus bas, l'église en gothique tardif « Martinikirche » et au carrefour de quatre vallées peuplées, l'hôtel de ville sur l'étroite place du Marché. Les rues et les ruelles pittoresques sont pleines de charme, entièrement bordées de constructions à colombages datant des XVIIe et XVIIIe siècle.

STOLBERG / Harz, abendliche Fachwerkidylle